基督教文化研究丛书

主编 何光沪 高师宁

初编 第**7**册

信仰下的生活与认知——
伊洛地区农村基督教信徒的文化社会心理研究（下）

徐 凯 著

花木兰文化出版社

国家图书馆出版品预行编目资料

信仰下的生活与认知——伊洛地区农村基督教信徒的文化社
会心理研究（下）／徐凯 著 -- 初版 -- 新北市：花木兰文化出
版社，2015〔民104〕
目 2+172 面；19×26 公分
（基督教文化研究丛书 初编 第 7 册）
ISBN 978-986-404-198-5（精装）
1. 基督教 2. 信仰
240.8   104002085

ISBN-978-986-404-198-5

基督教文化研究丛书
初编 第七册   ISBN：978-986-404-198-5

信仰下的生活与认知——
伊洛地区农村基督教信徒的文化社会心理研究（下）

作　　者　徐　凯
主　　编　何光沪 高师宁
执行主编　张　欣
企　　划　北京师范大学基督宗教文艺研究中心
总 编 辑　杜洁祥
副总编辑　杨嘉乐
编　　辑　许郁翎
出　　版　花木兰文化出版社
社　　长　高小娟
联络地址　台湾 235 新北市中和区中安街七二号十三楼
　　　　　电话：02-2923-1455 ／ 传真：02-2923-1452
网　　址　http://www.huamulan.tw 信箱　hml810518@gmail.com
印　　刷　普罗文化出版广告事业
初　　版　2015 年 3 月
定　　价　初编 15 册（精装）台币 28,000 元　　　　版权所有 请勿翻印

信仰下的生活与认知——
伊洛地区农村基督教信徒的文化社会心理研究（下）

徐 凯 著

目次

第六章　地方基督徒的世俗生活

世俗生活即日常生活，它包含的内容比我们想象的要有意义得多，即使最普通和不起眼的日常生活，也是对更为普遍的社会和文化秩序的表达（Inglis，2005/2009: 4）。关于基督徒世俗生活，本书从社会生活、社会关系和个人心理三个层次展开论述。社会生活主要涉及生计、人生仪式和社会活动；社会关系主要涉及家庭成员关系、亲戚关系、邻里关系以及不同信仰群体间的关系；个体心理主要涉及基督徒的个人行为、心理健康与其对社会现象的认知。

第一节　生　计

一、谋生方式

C 镇基督徒多为老年信徒，他们的养老一方面依靠子女赡养，另一方面为减轻子女的负担，他们大都还要劳作。临山的老年基督徒，除了种地之外，大都会到山中采药，卖了贴补家用。青年基督徒大都外出打工，他们寻找工作会考虑当地的福音情况，确定能否按时参加礼拜活动，所以他们大都通过教友的介绍，或者登录基督教的相关求职网站来寻找合适的机会。据外出打工的青年信徒介绍，他们一般都会选择老板是基督徒的工厂打工，觉得在那里每到周日都不会加班，让他们按时参加礼拜，甚至还有在工厂中组织聚会点，并发放方便面等食物让礼拜的信徒食用。青年基督徒打工回来，一般还会按时到自己的聚会点进行正常礼拜活动。

当地一名基督徒告诉笔者，市里面有个不信主的亲戚刚生过孩子，想托她寻找一个信主的小姑娘做保姆。那个亲戚告诉她找一个信主的，是认为信主的"不是做给人看的，是做给神看的，不会偷懒耍滑，（令人）放心"。不仅信主的老板会专门招信徒做工，而且那些不信主的老板也会招信徒。

中年男性基督徒多数在家务农、在临近地区打工或做生意，还有一部分外出打工；而女性基督徒则外出的很少，基本在家。而且，像镇区教堂堂点负责人高LQ这样退休的信用社职工的公职人员很少。三自教会的教务组长李ZJ也是在家务农，教会并没有任何的补助。

二、信仰上的获益

对当地基督徒而言，基督信仰能对他们的生计产生积极的影响：

1. 诚信标识

当地居民基本大都知道，基督教是不叫基督徒说谎的。因此，基督徒的身份也成为诚实的标识，在做生意的时候，基督徒往往会以信徒的身份来作为诚信的担保。当地靠山的村落有一对信基督教的老夫妻，常年出售自家养的蜂蜜。他曾说到：有一次一个外地人想买他的蜂蜜，但有点犹豫。他就对人家说，"我们是信主的，不会骗人"，那外地人一听就买了，还不还价。甚至有些基督徒在自己的店铺招牌上专门标识出自己的基督徒身份，多是书写为"以马内利"。

图 6-1　杂货铺招牌的左上角有"以马内利"的标记，以标明店主的基督徒身份（摄影时间 2014-8）

基督徒身份的自我认定使得这一标记有可能被冒用，从而带来一些问题。镇上有一个修缝衣机的，对前来维修的人说自己信主，不会多收钱，但每次算账的时候都会比别人多。谈到这个事情的时候，李 ZJ 组长也大伤脑筋，信主的不能去和他"理论争执"，并且他说，这种借助教会、借助信耶稣出去坑蒙拐骗的事情很多，前些年收留的一些自称为信主的人留守，半夜东西被盗，教堂有好几次接待一些说是来交通的人，说是某教会组长、副组长，并留下电话号码，一打是空号或者不是这个人。他认为，这样做是要受到神的惩罚，而且到时候大家一"交通"都知道，没这个必要。

2. 教会谋生

教会谋生是指部分基督徒的生计方式与教会直接息息相关，可分为内外两种方式：前者是服侍信仰的神职人员，后者则是以教会为服务的对象。刚宗教开放的时候，县宗教局考虑到 C 镇一些基督徒不愿就医，就专门拨了款项，扶持一名王姓的基督徒开诊所，为教会服务，在当时发挥了很重要的作用。而对王姓弟兄来说，这个诊所使得他家的收入非常可观。但随着时间，诊所的教会色彩越来越淡薄，私有性质越来越突出。特别是王弟兄去世后，由其不信主的儿子接手，基督徒们就很少去了。在 S 县县城，有一家专门从事音乐相关器材的门市，专做教会的生意，主要是县城的城区教会。据了解，开这个店的基督徒是城区教会圣乐班的负责人，据说也从中挣了不少钱。但信徒们能够从事与教会相关职业的的机会很少，于是有一些信徒做一些与信仰相关的短期或季节性的小买卖，如在春节前出售基督教对联。

由于当地经济发展有限，基督徒大都家境一般，C 镇教会的收入全靠基督徒奉献，因而资金往往捉襟见肘。教务组成员都是自愿义务的，并无任何津贴和补助。三自教会教务组的一个成员准备参加神学院的培训，她告诉笔者，现在牧师、长老都有工资，出去讲道都有接待，可以生活无忧。

3. 信徒间的互助

除了正常的探访外，对生活困难的基督徒，力所能及的基督徒有时候还能提供一些帮助。但基于信仰的关系，受惠的基督徒也会以别的形式进行回礼。

在孟 YX 的理发店，笔者遇到一个来自 LHK 村的老年基督徒王 DX 弟兄。由于路途远，他到镇区一趟很不容易，往往需要花费大半天的时间。据其他基督徒的介绍，王 DX 非常虔诚，是他所在村落教会的组织者和传道者，一直在"高处"传福音、讲道，这才使那里的基督徒发展起来的。由于老伴去世，他又不愿意随着孩子定居外地，一个人生活得很简朴。但每次"交通"的时候，他都会专门到街上买很多菜，做好等着同工们去。而来镇上的时候，他又从不打扰"肢体们"，都是自己在饭店吃过再去交通。在镇区经营一家裁缝店的齐姊妹，就做了一条裤子托人送给他。为此，他又专门带来自家产的栗子、蜂蜜送过来，不然觉得"老亏欠"。

在农忙的时候，有劳动能力的基督徒还组织起来帮助有困难的基督徒家。2011 年十月份收割玉米的时候，家庭教会在礼拜聚会的时候说，下周去给一个在床上躺了三四年的一个弟兄家掰玉米，结果弟兄姊妹去的人多，到上午九点多就掰完了。他们又自发给当地一个姊妹家帮忙收割。那个姊妹的丈夫在上周聚会的时候，很不满意自己的妻子在农忙的时候还丢下活去参加聚会，不让她去。但在基督徒的帮助下，中午十二点多就干好了。于是，就有基督徒戏谑道："你不是整天说信主有啥好处，看看，你俩人几天的活这不半天都好了，这都是主给的。"

三、财富看法

在地方基督徒看来，信徒都是被神拣选的，天国才是"最终的家"，只要真心信就可得永生、上天国，不用审判。在天国时神是依据信徒世间贡献的大小行赏的，因此基督徒们应该在世上多做神的工作，不然神来临的时候就没有自己的地位。这导致当地多数基督徒，特别是家庭教会的基督徒，认为对财富的过度追求会阻碍自己灵命的成长，并不可取，只要有吃、有喝、有住就够了，应该做荣耀神的事情，"信耶稣都不以地上事为念，神说有衣有食就当知足"，"贪财是万恶之本"。有基督徒举出自己听到的一个见证加以说明：有一个讲道人被神拣选，上了神学院，回来传道。但后来看到别人都打工挣钱了，自己家却过得"磕磕巴巴"，但又不好意思直说，就找了一个借口，说自己有病。他回去以后，就真的得病了。他这才知道反悔，给神祈祷，为神作工，病就好了。

但在现实生活中，基督徒们的实际行为与其信仰上的理念不时出现冲突。家庭教会的孟 YX 在街上经营一家理发店，她的丈夫和子女都外出打工。由于家中的房子年久失修最终倒塌，她一直想着攒钱盖新房，好为儿子将来结婚用。尽管如此，孟 YX 每周还是把大部分时间用在到处交通上，理发店总是紧闭大门。她的这种做法让很多不信主邻居都看不惯，大都认为这样做很"愚昧"，应该先把小家过好再说。而其胞妹孟 YZ 则在 SM 村街道租赁两间门市，一间理发、一间做粮油的生意。平日里很是勤劳，待人也热心。附近有老人换粮食，还让其丈夫主动接送，因此生意非常好。邻居都认为她"格劲"[1]、"人老好"。

四、应对方式

应对是一种行为和思考的方式，它帮助人们避免或减少压力的影响以及由此而产生的消极情绪。当宗教的行为和思想用于这种方式时，就是"宗教应对"（Argyle, 2005: 172）。在本书中，"宗教应对"特指基督徒的应对方式，传统宗教和民间信仰影响下的应对方式称为"其他宗教应对"，地方社会文化影响下的应对方式称为"世俗应对"。基督徒来从自己的信仰出发，多是认为凡事依靠神，一切都是神的美意。总的来说，在面临生计问题时，地方基督徒应对问题的方式中必定包括依靠神这一途径，但这并不排除基督徒从世俗途径中寻找问题解决的方案。

1. 宗教应对：依靠神

在生计上，凡事依靠神这种观念使地方基督徒在面临具体问题时，必定是通过祈祷靠神来解决，其后他们也往往会把问题的解决归因于神的工作。这种应对方式，主要体现在下面几个方面：

第一，劳作上。由于农业、商业发展有限，旅游业也仅限于个别地方，所以大多数的村民自谋出路。除了种植和采摘中草药、槲叶等，养蜂采蜜也是不少当地人的收入来源。当地采蜜的蜂一般都为土蜂（也称为山蜂），个头小，产的蜜质稠、营养价值高，因此，价格也就较高。但由于是野生的，相对来说更难管理，容易飞走。在孟 YX 的理发店，有基督徒告诉笔者，当地张 W 的妻子是基督徒。在开始介绍认识的时候，女方问其是否信主，张 W "诳"她，说他信，但其实是不信的。结婚后，他妻子得知情况后，一直要求他信，但张 W 一直拖着。后来，他们听说养蜂挺挣钱，蜂蜜每斤都要卖到 50 多元，所以夫妻二人也打算养蜂。由于没有经验，土蜂一直不往蜂箱里飞。妻子要求张 W 向神祈祷，说他真心相信神。张 W 照做后，土蜂都往他家蜂箱里去。这件事在地方基督徒看来，证明了只要真心信神就得蒙福，"神很奇妙"。

1　地方方言，是勤劳的意思。

这种"神会给你安排好一切"的想法给个别基督徒另一种启示，成为其懒惰的借口。当地早年的一个基督徒，家中种有玉米，需要每年给玉米施肥。有年到了成熟时，别人家的玉米都长势良好，而他家的玉米稀稀拉拉，"长得跟毛毛雨一样"。旁边的人就问他上肥料没，他说上了；再问他上到哪里了，他说把一整袋的化肥全倒在地头，向神祈祷，让神把化肥的效力平摊到各处。这件事成为一些非基督徒村民"数落"基督徒的一个事例。信得好的基督徒也承认，这种做法是错误的。他们认为，基督徒在世上就应该受到这个时空的辖制，神要你殷勤不可懒惰，不会直接给你吃喝，而是要假借你的手实现，这才合主的心意。

第二，找工作上。李 ZJ 组长的儿子小欧上学、找工作一直都很顺利。研究生毕业，小欧的同学大都很难找到工作，而小欧在网上无意看了新疆一个研究所招人，他就投了一份简历。研究所随后决定要人，而且无需小欧去新疆进行面试。这些在李 ZJ 一家看了，都是神的工作。而且，李 ZJ 的女儿也在新疆工作，到了那里大家都有个照应。李 ZJ 认为，这都是神的美意。

第三，攒钱上。不仅在工作机遇（挣钱）的寻找上，即便是在省钱攒钱上，基督徒也认为要依靠神。基督徒崔 QL 曾跟笔者提到，自己以前总是攒不住钱，有一次她把当月收入的十分之一奉献给了教会，那个月就攒住钱了。

第四，求平安上。有次，孟 YX 去她哥哥家做客。期间，她看着中国地图，指出她丈夫工作的地方，说她丈夫前两天在打渔的地方打回来电话，说不想在那里呆了。她一方面给"肢体们"说了说，给他祈祷祈祷；另一方面，她对神说："神啊，你知道，如果看在那不中的话，就叫他回来；要是中的话，你就安稳住他，让他安心在那"。在她看来，这"都是神管的，什么都是神安排的"。

2. 世俗应对：走后门、托关系

尽管基督徒们在生计上必定会依靠神、认为一切是神的功利，但同时，他们还认为现在在这个世界上生存，受其辖制，还得遵守"世上的规矩"。其中，表现尤为突出的是托关系、送礼办事。郭 DY 征兵入伍升职为中将，是当地的名人。有次，当地居民在外地做生意被骗了，钱追不回来。后来他托人找到郭 DY，郭 DY 往他被骗地方的一个机关打了一个电话，他被骗的钱很快就被退回来了。此事成为当地居民包括基督徒谈及拉关系重要性时一个常用的佐证。

汤 HS 弟兄家是全家信，他的儿子和儿媳都在镇初中任教。每到过年过节的时候，他家都会给校领导送礼。在汤 HS 看来，儿子在镇中教学，教了十年学，从开始的 308 元工资涨到现在将近两千，每晋一级工资都会涨。为了更快晋级，每年都会给校领导送礼。谈及此事，汤弟兄感叹道，"晋级也费事啊，这现在都是凭关系的，没有关系那算弄不成。现在社会都是这样，教育部门也开后门，你啥门？社会潮流就是这。你条件理由再充足，不送礼就不中。社会腐败了就是不中"。此外，他还提及，自己上医院治病，现还得送礼。有关系可顺利，不用排号啥事都给你办了，不然要等大半天也不一定轮到你，而且这种趋势越来越厉害了。对于世道为什么会变成现在这个样子，他认为，这都应验《圣经·摩提太后书》三章说末世必有危险的日子来到，此时人专顾自己，贪爱钱财，你只要给我钱什么事都好办，现在就是末世来临前的征兆。

三自教会的黄姨告诉笔者，现在世道都是这样，你不送礼就办不成事，如果送礼了自己还能省事。她提到，他父亲离世那天去火葬场，光一个骨灰盒就快两三千，她觉得太多了。第二天，她让其叔叔和弟弟陪同一起去火葬场，她叔叔和弟弟都在当地法院工作，而且和火葬场的一个领导是同学，于是便宜到一千三百八十元。但她还觉得有些贵，就给她外甥打电话联系。她外甥是检察院，给民政部门联系，而火葬场归民政部门管。最后，骨灰盒只要了八百元。每谈到此事，她都很自豪，认为有关系就是好办事。

第二节　人生仪式

人生仪式主要包括诞生礼、婚礼与葬礼。诞生礼主要是出生后的"送米面"以及一个月的"满月酒"，基督徒基本都会遵循传统习俗，其原因可能在于，当地信徒认为参加诞生礼目的是产妇生产后身体虚弱，送些东西表示自己的关心，同时也可以去见到刚刚出生的孩子。因为诞生礼并不牵涉什么仪式，所以基督徒都持认同态度。而婚礼和葬礼会涉及到与基督信仰相违背的仪式，因此时常会出现冲突，突出表现在基督徒是否该随礼以及婚葬礼的举办方式上。

一、礼　情

礼情，在当地主要看在人生仪式上是否有走动[2]、随礼。在人情世故上，

---

[2] 地方方言，指亲戚或朋友之间彼此来往。

有个别的家庭教会信徒持明确反对态度。TH 村刘姨看来，毛泽东时代在这方面符合《圣经》的要求，她认为，"那时候不叫瞧亲戚，添箱送礼，要求严格哩"。以至于有的基督徒认为，毛主席也是信主的，毛主席是公会。但总体来看，无论是三自教会基督徒还是家庭教会基督徒，大都还是主张要遵守人情世故。其中，有少部分是迫于形势，并不心甘情愿。如贺 YL 就说，按说不必要照走这些人情世故，但"现在这也制止不了"，只该走了。还有一些基督徒持模棱两可的态度，认为这些事属于细则问题，《圣经》上没有明文记载，根据个人情况而定，想送就送，不想送就不送。大部分的基督徒认为礼情是必要的，理由有两个。首先，礼情可以维系关系。三自教会的孙 YQ 姊妹就认为，人在世上活着，"礼情来往"是最关紧的，这叫"与世俗为友"。此外，她还认为要顾及到亲戚之间的关系往来，"你办事，不信的亲戚都来给你递礼；人家有事了，不能不去"，"比如姑家什么有事，不去会中，不去人家还笑话呢"。在基督徒黄姨看来，礼尚往来，如果不行情，"你有什么事也没人来，不好看"。

其次，礼情有其基督教义基础。有信徒认为基督徒每天都可以为不信的人献上祝福，礼情可以和"外邦人"（不信主的人）搞好关系，从而才能更好地传福音。"你想，不和人搞好关系怎么传福音，传福音是要到人群中，是拯救灵魂的，是要把神的好消息传递给他们的。这是很正常的"。此外，还有基督徒从《圣经》出发，认为基督教并不反对人情世故。李 ZJ 组长就说，"《圣经》上也有记载说耶稣还去赴加纳的宴席，就是那家结婚的，叫耶稣也去宴席。要按那个时代，以色列民族去都带的有礼。而且那个民族也是有酒有肉招待。这就说明一个道理，不是要每个人都去做这，而是耶稣做出一个模范，就是要与世相互和谐，不能说信耶稣就与人人都断绝了，这都叫人情世故"。

由于非基督徒家办葬礼的时候，包含磕头、烧纸、放鞭炮、摆贡香等，这是地方基督徒所强烈反对的，有信徒就主张"红事去，白事不去"。但这样一来，就必定会断绝关系的往来。因此，多数基督徒认为，人去世以后，也可以送礼、收礼，但不烧纸、不带鞭炮。

二、婚 礼

婚礼标志着"成人"，不会再像以前那样是个小孩子，应该承担起自己的责任。这一转变突出表现在压岁钱的给予对象上。当地人会在婚后的第一个春节封一个大红包给新娘或新郎，以后就不再封压岁钱给他们，如果有后代就封给小孩，没有就不封。与此相对，无论年纪的大小，如果没有结婚，长辈都会封压岁钱；但前提是以"家庭"为单位的男性同辈人（如哥哥、弟弟）还没有生子。需要注意的是，这个"家庭"的单位是依据与该亲戚"拉网"时辈分而定的：如果以祖父那辈算起，叔伯家的孩子也计算在内；如果以父母那辈算起，则是自己有无同父母的弟兄姊妹。

1. 婚礼议程

家庭教会信徒的婚礼是在其自家举行，三自教会信徒的婚礼多数是在教堂举办，但也有一些在自家举办。其详细议程如下：

第一，在教堂举办要首先给三自教堂的打好招呼，经教会审查，办理登记手续，认为合法才行。另外，在教堂举行相对比较正式和严格，大多会请县两会的牧师来给亲人祝福，此外还要提前通知其他教友肢体。一般是在婚礼前的一两周的主日礼拜结束后有主礼人宣布的。尽管不收费用，但红事一般都会往教会奉献些。教堂举行新婚典礼的议程如下：

1、主礼人宣告：

圣乐队奏婚礼曲，全体静默祈祷。

2、牧师致词：

今天我奉主的名，应新婚夫妇的邀请，在我们教会欢聚，为×× 弟兄，与××姊妹，在神面前举行婚礼。婚姻是神设立的，是蒙神喜悦得祝福的，也是神圣的，是人生的一件大喜事，且为国家社会所关注，为人民所尊重。

按基督的真理，"耶稣回答说：'那起初造人的，是造男造女，……人要离开父母，与妻子连合，二人成为一体。'……既然如此，夫妻不再是两个人了，乃是一体的了。所以，神配合的，人不可分开"（马太福音19章4—6节）。作为主的儿女，对于婚姻，务必谨慎从事，决不可草率成亲，更不可轻易分开。男女双方在神前承认遵守《圣经》教训。对于结婚是件喜事，不仅关系男女双方家庭，更关系到社会的安定团结，因此本证婚人，为这美好的婚姻作见证，并给予美好的祝愿。

3、牧师询问：

××弟兄，你愿意与××姊妹结为夫妻，遵守旨意，与她和睦同居、互助互爱、无论她健康与患病，有余或缺乏，你能爱护她、保护她、敬爱她、安慰她、除她之外，不爱别人吗？你能单单与她相爱，有始有终，白头偕老吗？

新郎答："我都愿意"。

牧师询问：

××姊妹，你愿意与××兄弟结为夫妻，遵守旨意，与他和睦同居、互助互爱，无论他健康与患病，顺境或逆境，你都愿意敬爱他、体贴他、保护他、伺候他，除他之外，不爱别人，单独与他相爱吗？

新娘回答："我都愿意"。

4、新婚夫妇宣誓（新婚夫妇彼此宣誓，以右手相握，朗读以下誓词）：

我与你结为夫妻，愿意遵守神教训，彼此相爱，共同创建美满幸福的好家庭。无论安乐困难、富贵贫穷、患病身安，我都敬爱你、保护你、关心你、体贴你，直到终身，这是我至诚心愿。

5、牧师宣布：

××弟兄与××姊妹，今天结为夫妻，在神和众人面前，应许彼此相爱，遵神旨意过敬虔生活，走爱国爱教道路。为此，我奉圣父、圣子、圣灵的名，宣告你们成为夫妻。

并为新郎新娘赠送经文

6、主礼人宣告：

现在请看神借《圣经》对婚姻的教训，有关夫妻的本分，请读新约经文（以弗所书 5 章 22—33 节）：

你们作妻子的，当顺服自己的丈夫，如同顺服主。因为丈夫是妻子的头，如同基督是教会的头，他又是教会全体的救主。教会怎样顺服基督，妻子也要怎样凡事顺服丈夫。你们作丈夫的，要爱你们的妻子，正如基督爱教会，为教会舍己。要用水藉着道把教会洗净，成为圣洁，可以献给自己，作个荣耀的教会，毫无玷污、皱纹等类的病，乃是圣洁没有瑕疵的。丈夫也当照样爱妻子，如同爱自己的身子，爱妻子便是爱自己了。从来没有人恨恶自己的身子，总是保养顾惜，正像基督待教会一样，因我们是他身上的肢体。为这个缘故，人要离开父母，与妻子连合，二人成为一体。这是极大的奥秘，但我是指着基督和教会说的。然而你们各人都当爱妻子，如同爱自己一样；妻子也当敬重她的丈夫。"

7、主礼人宣告：

现在我们大家一同祈祷：

全能永生的上帝，万福的根源，现在我们奉主的名，祝福这二人的婚姻，求主将各样恩典与福气赐与他们的家庭，他们二人今日结为夫妻，彼此宣誓立约，一生忠实遵守，使他们相亲相爱，教养子女，孝敬老人，辛勤劳动，爱国守法，凡事尊神旨意。阿门。爱世人的天父，求主赐恩帮助这对夫妻成立一个团结、和睦、勤俭、文明的家庭，孝敬父母，培养信心的后代，活出神儿女属天的荣光，在生活上荣耀神的名。创造万物的主，感谢你配合这二人的婚姻，我们奉你的名，求主使他们二人身体健康，心灵愉快，又照主的旨意，赐给他们生养儿女的福气，并特别保守他们，教养儿女，以身作则，带领儿女，爱国守法，明白真道。敬神爱人，这是奉主耶稣基督的圣名恳求！阿门。

8、主礼人宣告：

祝福：（牧师长老）愿主赐福与你们，保守你们，愿主面上的光照亮你们，赐福与你们，从今时直到永远！阿门。

9、主礼人宣告：全体同诵主祷文。

10、礼成奏乐，新婚夫妇出圣堂。

第二，在基督徒家庭举行仪式。相对来说，在家庭举办要更随意一些，但都会请牧师到家对新人进行祝福。如在 2011 年春节期间，三自教会李 ZJ 组长的儿子小欧举办婚礼，就请来县两会的姚牧师过来祝福。而家庭教会则多是请方城等地担任圣职的传道员，如果条件不允许，也会由当地讲道员担任。主礼人则由地方基督徒担任，仪程都由主礼人宣告：

1、开始：新郎新娘入席就位；新郎新娘欢迎父母入席就位。

2、主礼人宣告婚礼开始，奏圣乐，鸣鞭炮。全体肃立，静默祈祷。

3、圣乐班奏婚礼曲，圣诗班献唱圣诗。

4、由××神仆为新婚典礼献上致词。

5、由××神仆询问新郎新娘。

6、新婚夫妇宣誓（新婚夫妇彼此宣誓，以右手相握）

7、由✕✕神仆牧师宣布其结为夫妻，并为新郎新娘赠送经文。

8、由神仆（圣职）为新郎新妇祝福，为新婚家庭祝福，宣告：我奉圣父、圣子、圣灵的名，为新婚夫妇祝福，恳求上帝的慈爱，耶稣基督的恩惠，圣灵的感动，常与你们同在！保持你们恩爱常存，百年和好，彼此相爱，白头偕老，家庭平安，生活幸福。愿全能者将天上各样的福，地里所产的福，降在你们的头上，直到永远，阿门！

9、同诵主祷文。

10、礼成，圣乐班奏乐，喜送新婚夫妇入洞房。

2. 传统习俗渗入

尽管信徒婚礼的形式富有鲜明的宗教色彩，但在许多方面，信徒婚礼依旧保留着当地社会的传统风俗。孟YX回忆当地近几年真正完全按教会来举办婚礼的只有一家，其他的都"弄的两交叉"。在婚礼上的"路数"，提亲（说媒）、订婚、送红、添箱、迎娶、回门，一个不少。特别是在送红中，有不少基督徒在谈及时，都明确或隐晦的表示出结婚也看日子。孟YX姊妹是家庭教会中的积极信徒，但当问起她子女的婚礼是否也要择日子时，她就推说孩子的事自己管不了那么多。

婚礼仪式的具体环节中渗透着传统风俗的影响。婚车前贴"百年好合"等字幅。结婚当时的凌晨，由新郎本人和同族的弟兄去女方家迎接新娘，之前要"扫车"。但对地方基督徒来说，还包括一些基督徒的代表。在确定迎亲和返回路线时，基督徒也基本都依据当地习俗，不走一条路，绕村而行。在行走的时间上追求吉时，一般天明之前男方迎亲的队伍要抵达女方家庭，在收拾准备完毕后，天明时出发，太阳要出来时返回男方家庭时。在女方家配送的嫁妆中，女方父母一般都会准备铜盆、一双红筷子、用红布包裹的装有面的碗，寓意家庭幸福和衣食无忧。迎亲时，新郎的父亲要化妆成丑角前去迎接。当地居民认为父母辛苦大半辈子才给儿子找到媳妇，意指付出多，好让以后的儿媳孝敬老人。此外，在家举办的基督教基督徒的婚礼，新娘下车时也是依据"老规矩"，在下车或下轿前先要换鞋。和非基督徒一样，地方基督徒认为红鞋的寓意不好，"跳火坑，一般换蓝色或绿色的鞋子。

图 6-2　基督徒婚礼仪式中新郎父亲扮丑迎亲与新郎新娘拜男方父母
（摄影时间：左图 2011-10，右图 2011-1）

在主礼人祝福新人并赠送《圣经》后，一般还会把新郎的父母请到中间，由新郎、新娘给父母鞠躬，父母封给新娘红包。当问起时，一位主礼人告诉笔者，就图个热闹。招待的宴席也为当地的"十大碗"。在随礼上，基督徒都会收礼。走的比较近的基督徒也会前去递礼。李 ZJ 组长儿子结婚时，当地三自教会教务组成员和一些基督徒都前去递礼。在家庭教会，要依据是否当地以及走动是否频繁而定。在一定程度上，基督徒内部的关系远近决定了是否递礼以及礼金的多少。在婚礼后，新人也要回门。婚礼后的第三天中午，都要做捞面条请街坊去吃以酬谢他们的帮忙。在婚礼上，无论是否信主，只要有关系，基督徒们都会愿意去"递把手"[3]。

不仅传统习俗，而且传统观念也会影响基督徒对婚礼仪式的态度。当地有一名女性信徒，信教有五六年了。去年她女儿出嫁的时候，买了一件白色的婚纱。这在当地非常正常，但是这位基督徒却坚决反对女儿穿白色的婚纱，理由是结婚穿白色不吉利。她的这种想法显然是受中国传统文化的影响，因为在中国传统里面，红色代表吉利，白色代表死亡，因此人们在结婚的时候一定是穿红色衣服，在有人去世时才穿白色孝衣。而在基督教传统的婚礼中新娘就是要穿着白色的婚纱，象征纯洁的爱情。同时，基督教认为吉利与不吉利的想法纯粹是迷信，是应该坚决反对的。在这两种对立的观念中，作为基督徒的她，却选择了信仰中坚决反对的传统做法。

文化传统传统的影响突出表现在依据宗教信仰与传统习俗结合举办的婚礼仪式上。J 镇镇西一基督徒家庭准备按照基督教的仪式举办婚礼，但由于新

3　地方方言，给予帮助的意思。

娘的父母不信主，认为应该用传统的仪式举办婚礼。最后，在结婚当日，先是按照传统习俗办，新娘坐轿到达男方家，随后进行舞狮表演。一直到上午10点多，才前往教堂，按基督教的方式举办婚礼。

三、葬　礼

对基督徒而言，由于葬礼涉及到信仰上的禁忌，使基督徒在葬礼仪式上对传统习俗持明确的反对的态度。相比较婚礼，基督徒葬礼仪式上的宗教色彩更浓一些。

1. 追思会仪程

由基督徒家庭提出申请，由教会负责人审查办理登记手续后即可按规定程序办理葬礼。其具体程序如下：

首先，丧葬追思礼拜仪程为：

1、××弟兄（姊妹）丧葬追思礼拜现在开始，孝子灵前就位。

2、各位同工同道，各位父老乡亲，亲朋好友，人按定命，固有一死，乃恳芳名流千秋。××弟兄（神仆），是教会的好基督徒，是神的好儿女，他（她）一生为人忠实，工作勤奋，信仰纯正，勤俭持家，教养子女，和睦邻里，为人敬仰，对主真道笃信不疑，他（她）去世是教会的一大损失，众基督徒为此无不忧伤祈祷。

　根据××弟兄（姊妹）生前的遗嘱和其子女、家属的要求，按教会教规教义的礼仪，办理丧事，并遵照国家宪法36条规定，进行正常的宗教活动，施行火化，教会基督徒本着与时俱进，移风易俗，对已睡基督徒，进行殡葬追思礼拜，望所以参加丧事礼拜的各界朋友、父老乡亲，务要彼此尊重，使××弟兄（姊妹）的遗体，早日入土为安。

3、全体起立：为××弟兄（姊妹）追思礼拜，静默祈祷：（琴伴赞美诗193首）哀曲。

4、圣乐班奏圣乐：1、2、3首。

5、代下35章25节"歌唱的男女也唱哀歌"。圣诗班献唱圣诗：1、2、3首。

6、由××同工为××弟兄（姊妹）蒙召归天，献上祈祷。

7、由××同工读经证道。

8、圣乐班奏圣乐：1、2、3首。

9、圣诗班献圣诗：1、2、3首。

10、主礼人宣告明天事工后，全体起立，同诵公祷。

11、追思礼拜结束，孝子举哀。

其次，在第二日的凌晨举办安葬礼拜，由主礼人宣告以下七项仪程：

1、安葬礼拜开始，全体默祷。

2、大家同唱："神爱世人或昂首青天外"灵诗1首。

3、为××弟兄（姊妹）入土为安同声祈祷。

4、由××同工宣读经文：（1）伯34章15节；（2）传12章7节；
（3）赛57章1—2节。

5、由××同工，施行撒土礼，（抓土撒向棺尾墓内）。

6、仪程结束，下葬开始。

7、全体同诵公祷。

2. 信仰与习俗的冲突

基督信仰与传统习俗在葬礼仪式上的冲突集中体现在以下几个方面：首先，在放置老人入棺时，教会的办法是不摆贡香、不凳草铺，直接放到棺材里面。有基督徒认为，放草铺就有点信邪，如果这样做就会下地狱，而信主的人放棺材里面，跟睡着了一样，灵魂上天堂。对于这种说法，非基督徒非常反感，认为不够尊重长者，你家老人过世就说下地狱，实为不孝子孙。

其次，在葬礼上是否下跪存在争议。基督徒认为，只能向神下拜，不向人下拜，从而主张在葬礼上，不信主的人可以跪，但信主的人就不能跪。对这个观点，不信主的人非常不赞同，他认为基督徒成天跪着祈祷，为什么自己的父母都不能下跪，而且人家烧香的人不也是要跪的。对此，基督徒则认为基督徒是拜真神的，而烧香拜的是假神。此外，尽管有个别基督徒认为不应该放鞭炮，但在举行葬礼时大都会放鞭炮。

第三，在是否必须哭也有争议。在当地习俗中，哭丧是必须的，只有痛哭流涕才能体现出你是孝子。但在地方基督徒看来，想哭就哭，不想哭就不哭。他们认为，这也不犯罪，如果老人信主就会上天堂，是暂时的分离。

第四，在是否该去烧纸上存在争议。由于当地居民将葬事上的递钱、送火纸和鞭炮统称为"去烧纸"。鉴于此，递礼的基督徒表示，老人去世，家庭经济困难，去拿点钱周济，这个"中"；但如果说是"烧纸的"，那就错了。

3. 个案：张力下的文化渗入

葬礼是中国文化必不可少的一部分。一方面，通过参与葬礼和祭祀仪式，有助于个人保持家族群体传统和历史的记忆，形成凝聚力，强化其自豪、忠诚、团结的情感，以增强其血缘联系，进而使血缘联系带来的社会责任传递下去（杨庆堃，2006: 54-56）。另一方面，C 镇居民的家族观念强，形成一种社会压力，从而使得葬礼的传统习俗具有强制性。在宗教信仰与文化传统间的张力下，C 镇基督徒在具体葬礼上的操办上，也自觉不自觉都加入传统习俗的因素。

HB 村一老年基督徒家庭为半家信，当他去世前不让提前做寿木，但交代子女下葬时做一个水泥做成的缸扣住棺材，认为这样才结实、永远不会坏。由于老人没有交代如何办葬礼，老人刚去世时，身体变得很僵硬，而此时子女们对举办葬礼方式的出现分歧：两个女儿信基督教，要求按基督教的办；大儿媳妇和二儿媳妇家妻子都是基督徒，所以这两家对此没有意见；三儿子和他妻子不信基督教，要求用传统的办丧事。由于大家意见不同，必须有人做出妥协，这时不信教的三儿子夫妻觉得，既然两个妹妹坚持按基督教办，老人生前也信主，而且妻子认为人死如灯灭，什么都没有了，按什么形式办都行，况且按信主的办还省事，这样大家才基本统一按基督教的办。

决定"按信神的办"后，两个女儿就联系当地的基督徒，找些弟兄姊妹过来聚会、唱赞美诗，尸体开始变软。不烧纸，由于两个儿子的坚持，可以放鞭炮。其中，发生了一个小插曲：三儿媳认为传统风俗都要烧纸"送差"，即认为人死了以后要将其灵魂送入阴间地府，这是当地葬礼的必要环节。她觉得不烧不中，坚持要去买点纸烧，这种观点也得到不信主的亲戚邻里的赞同。但准备去买的时候，老人的胳膊就硬了。基督徒们认为这是下地狱的标志，便劝说三儿媳放弃烧纸。在场的基督徒们一起下跪祈祷，老人身体慢慢就变软了。第二天到到火葬场的时候，老人的面部跟睡着的人一样，脸也没变颜色。对此，小女儿解释道，尸体变硬是人死后灵魂看见阴间，害怕，于是脸变颜色，身体变硬；而信主的人不烧香、不烧纸，能得到永生，到时天使来接你的灵魂到天国，心理喜乐，因此尸体是软的，如同睡着一样。

在老人葬礼过程中，传统习俗以某种形式保留着，表现在：（1）老人去世后没有直接去火葬，而是先在家里停留一天，等三亲六故来吊唁，但按照基督教的习俗，没有点纸祭拜。此外，还按照当地习俗，收了大家送来的礼钱。由于老人把一间房子作为 HB 村聚会点，所以当地教会也拿出二百块钱。（2）老人的骨灰盒从火葬场取回后，没有直接入土，而是在家停留三天才埋到其已故妻子的坟墓旁边。在家停留的理由是按照当地风俗，骨灰如果不在家停留三天，会不利，而这是他们所不愿看到的。（3）老人骨灰盒入土的时候，按照基督教的仪式，只有近亲参与。而当地习俗是老人入土时，一个家族的晚辈大多要给逝者戴孝。但是老人的近亲也只有不信基督教的亲人按照传统规矩戴孝，包括大儿子的家眷和二儿子及三儿子一家，还有两个女儿的老公。而信主的两个女儿和二儿子的妻子则用孝布做成白花，戴在胸前。（4）在出殡时，按照地方风俗，三儿子请有地方上的响器班一路吹打。此外，出行的时辰也是择时的，墓穴也是请当地的风水先生看过。（5）遵守习俗禁忌，出殡时不能从别人家门口过，孝子三天之内不能去别人家。

四、为何按教会形式举办？

婚礼或葬礼按照教会形式举办，对全家信而言并不阻力，而对于半家信而言，说服不信教的家人往往是基于物质功利的考虑。当地人在很多事上都愿意从简，爱省事，如前面提到过的饮食。在访谈中，对于基督教婚礼、葬礼的看法，当地居民都认可这样做"省事"。HB 村的王 XG 非常认同基督教在婚丧嫁娶诸事上节约、省事，并表示也想这样做。当笔者问起为何他"办事"时还要按照当地习俗时，他告诉笔者，"咱也想省事，但你不能首先做。尽管大家都不想（按照传统习俗），但你不这样做，别人就会指责你"。

对婚礼而言，按基督教的形式举办，可以省去请婚庆公司的钱，还有基督徒自愿前来帮忙，相比较而言，操心出力出钱的更少。在葬礼仪式上，上述个案中的老人离世时，尽管三儿媳不信基督教，但她也赞同家中其他信教成员的意见，以基督教方式办葬礼。对此，她的看法主要认为这样做省事。但在实际的操作上，接受别人送来的礼金是不可缺少的。收受礼金主要是为了收回自己以前送出去的，同时也与亲朋好友保持一种正常交往。此外，一些她认为较重要的传统习俗依旧保持，如停尸三天、墓穴风水等。但一些对她没有太多的实际价值，她就会以按基督教办为名省去，比如摆贡香、凳草铺、老人七天祭拜等。

对教会而言，协助信徒举办婚葬仪式，不仅是弟兄姊妹互助互爱的一个有力象征，更是一个传播福音、让教会复兴的契机。在2011年下半年，笔者到城区教会调查基督徒婚礼。教会把婚礼的举办点定在最繁华的地点，搭起一个舞台。教会将音箱拉至现场，圣乐班以及会唱歌、主持、跳舞、演小品的基督徒都参与，在结婚前晚组织一场类似晚会的赞美会，声势浩大。许多当地的居民都前去观看，而表演的节目都是宣传信主的益处。在次日对主事基督徒的访问中，他们也明确表达出这一想法。

图6-3 S县城区教会通过婚礼仪式进行基督信仰的宣传
（摄影时间：2011-9）

对葬礼来说，尽管受众的人数不如婚礼那么多，但由于参加者多为亲朋友好及家人，可能更具动机。在基督徒看来，将人的来历、人的堕落、神的拯救、人的复活等传给他们，才能拯救他们。由于尸体变软在不少地方基督徒看来，是上天堂的征兆，因此，以此作为宣传基督信仰成为地方基督徒的惯常做法。当地崔姓的老年信徒病重的时候，说自己老了之后按教会办。等她老了以后，子女们不想让教会参加。在穿衣时，身体非常僵硬，好赖穿不上，脸色也难看。最后他们想起来了母亲临死前交代的话，开始联系教会，让教会的人去。不仅基督徒去了，就连镇上的教会乐队和唱诗班也都去了。基督徒们人很多，站了一圈，都给她祈祷。随着基督徒们的祈祷，老人的身体开始变软，脸色和正常人一样。基督徒认为这是神显奇迹，只有靠神身体才会变软。据此，他们认为不信主的人应该认识到神，但显然效果不佳。三自教会教务组成员黄姨谈及此事，就感叹道，"那个时候谁都说身上硬邦邦的，靠着神祷，身上可软可软唻，不靠神身上就僵硬，这谁都知道。可是已经都这样了，那地方不信的人还是不信，很是刚强"。

第三节　社会活动

基督徒的社会活动受到文化传统的影响，主要有以下几个方面：

一、祭　祖

据一些当地居民所讲，祖先祭祀仪式是区分基督徒和非基督徒最重要的一个重要标准。由于基督教的相关规定，地方基督徒在对待葬礼上的态度不同于人生仪式的婚礼和诞生礼，呈现出不同于甚至违背传统习俗的做法。这不仅使有些基督徒提出存在红事上可以来往，而白事上不相往来的说法，而且在随后的祭拜活动中的一些习俗也表现截然反对的态度。这种祭祖上的冲突被一些学者认为是"礼仪之争"，即中国传统社会文化习俗与基督教矛盾突出的表现（陶飞亚，杨卫华 2009: 156）。

老人去世后的"头七"、"五七"、"百日"、"一、二、三周年"，基督徒们大都没有参与祭拜。一个女性基督徒告诉笔者，这些祭礼都是她丈夫去做的，信主的不让祭拜，所以她不参与。

按照传统习俗，老人去世后第一年全家不贴对联，第二年贴蓝色、绿色或紫色对联，现在多数为紫色对联，第三年期满，重贴红色对联。地方基督徒，包括全家信，也都遵循了这一习俗。在 HB 村家庭教会聚会点，那家老人去世后，第一年按传统习俗没贴对联，从第二年开始贴了基督教的对联。三自教会教务组一负责人，在其父亲去世三年后，按照当地风俗贴上红色对联，横幅即为"三年已满"。

当地居民的祭祖一般是在农历的二月二，很少有人在清明节上坟。上坟说明这家后继有人，当地居民对二月二的祭祖都非常重视，在上午上完坟后都会和家人聚在一起吃中午饭。每年此时，镇上都显得非常冷清，店铺也不开门营业。对于在农历二月二上坟祭拜，无论家庭教会还是三自教会的基督徒，大多迫于压力会随同家人一起上坟。基督徒郭 XP 有兄妹三人，每年的二月二都会一同去祭拜去世的父母。两位兄长照当地的习俗烧纸、磕头，而郭XP 则只是站在在旁边祈祷。但在 2011 年的二月二，由于当日正好是周日，为教会的圣餐日。她就没去上坟而是参加礼拜。一听说自己的妹妹今年不去，两位兄长十分不高兴，认为她"把自己的祖宗都忘了"，并为此事冷落她好久。在镇上开副食品门市店铺的张 HB 谈起此事时，说他弟弟一家都信主，但如果他们不去上坟，那么整个家族都会说他对祖宗不孝。所以，他弟弟不想背那个骂名，不想被别人指责做的不对，只好拿点别的东西替代，不拿火纸和贡香，拿点饼干、方便面、水果，"意思到就行"，"我也不磕头，也不烧香，反正是我拿点东西去了"，这就"等于是在敬已故的老人"。

图 6-4 三自教会基督徒守孝三年已满所贴对联（摄影时间：2011-8）

在祭祖上是否出现争执，并不取决于逝者是否基督徒，而往往取决于去祭拜的后人在信仰上是否一致。王 F 在 C 镇经营一家茶叶店，他爷爷去世前是基督徒，是家中唯一信主的人。尽管按照基督教的形式来办理其爷爷葬礼，但王 F 每年给他爷爷上坟却是按照当地的习俗，带着自己蒸的馒头，在坟前摆好，磕头、烧纸、放鞭炮。对此，王 F 解释道，"我爷爷信基督教，我们都不懂。他有他的信仰，我们有我们的做法，各有各的信仰，我觉得这没什么"。

对于基督徒上坟一事，地方基督徒有两种反应。一是给出合理化的解释，如三自教会李 ZJ 组长就认为，信主并不是就不要父母，上坟祭拜也是应该的。二是在在具体的做法上做出一些象征性的改变，如以白纸做出的花佩戴在胸前；不下跪磕头，但站在一旁祈祷。对于基督徒和非基督徒上坟上的不同，李 ZJ 组长说，上坟祭祖只是不带祭品、烧纸，但可以祈祷，为家人祈福。HS

堂点陈 YZ 组长说，会给亲人扫墓，但只做祈祷，不烧香、不烧纸。家庭教会的贺 YL 每年在二月二也是回去上坟，不信的家人是按照传统，磕头、贡香等，信主的两个女儿则是站在坟前，唱几首赞美诗。

二、建 房

在地处深山区，人多地少，使宅基地问题成为当地人发生矛盾和冲突的一个重要触发点。在过去，由于条件有限，有不少家庭都是和邻居共用一堵墙，现在随着重建新房，这一历史上遗留的问题的解决往往矛盾重重。在 HB 村 T 岗，有一邻居王 MF、王 JJ 的关系曾经非常要好。在他们小的时候，由于发生自然灾害，王 JJ 家经常吃不饱饭。于是，王 MF 的父亲就把王 JJ 叫到自己家吃饭，把他作为自家的孩子对待。在王 JJ 父亲去世的时候，拉着他嘱咐，不能对不起王 MF 家，不然对不起良心。但前年王 MF 准备扒掉老房盖新房时，和王 JJ 协商，把两家的界限定为共用堵墙的中间。但王 JJ 不同意，要求王 MF 把共用的堵墙都归入他家，因为他也准备盖新房。为此，两家关系变冷。

当地风俗一般是在房屋封顶的时候，都会放鞭炮以示上梁大吉。而基督徒家在建房封顶的时候，则是请教会的肢体前去祈祷、祝福。一般到时会在内墙上贴一十字架的画纸，基督徒会面对内墙唱赞美诗，然后祈祷，其内容一般为：不仅让屋顶下、还有屋顶建房的人都平安；不仅给建房人平安，也给今后住房的人平安；不管是信您的还是不信您的，都是您的儿女，请求您赐福给他们，给他们平安。最后，屋主分发给众人喜糖和花生。

在房屋的建筑上，基督徒也会受到传统习俗的影响。当地有基督徒在建房、购房时都会请"阴阳仙"事先勘察。此外，由民间信仰形成的习俗在房屋的一些修饰上也存在显著的影响。如在一个全家信的基督教家庭，受访的基督徒的父亲是这个家庭最早信主的，他在修建房屋的时候已经皈依上帝，但房屋上面的脊兽[4]仍为其亲手所制。当问起被调查者，他说他根本就不知道这些脊兽到底是什么，并说从来没考虑过这个问题，"从小就有，没留意。"而脊兽，在某些基督徒看来，则是撒旦魔鬼，属于偶像崇拜，会阻碍自己的灵修和生命的成长。

---

4 脊兽是中国古代建筑屋顶的屋脊上所安放的兽件。它们按类别分为跑兽、垂兽、"仙人"及鸱吻，合称"脊兽"。跑兽排列顺序一般为：龙、凤、狮子、天马、海马、狻猊、押鱼、獬豸、斗牛、行什。其中天马与海马、狻猊与押鱼之位可置换。如若数目达不到 9 个时，则依先后顺序。

图 6-5　一基督教家庭住宅上的的脊兽（摄影时间：2010-10）

三、贴春联

和非基督徒一样，基督徒在除夕前都会贴上新的春联。但不同于非基督徒，基督徒们大都会购买基督教对联，一方面是由于信仰的缘故，更重要的一方面是基督教对联只售 2 元钱，而其他对联至少要 8 元钱，相对来说非常"划算"。

需要注意的是，和赞美诗一样，对联在形式上借鉴了传统对联的做法。如"满园春光"改为"满院主恩光"、"出门见喜"改为"出门交托主"，还有在三轮车、汽车上贴上"日行八百、夜行一千"，字上面印有十字架。特别需要关注的是，当地有不少基督徒都在院中或屋内贴上"年终岁首主赐平安以马内利"，但其起源是住房当堂（即客厅）大梁上贴有"太上老君在此百无禁忌大吉大利"这一形式，而"太上老君"显然在基督徒们看来是偶像和邪神，是不能有交集的。

图 6-6　家庭教会一聚会点所贴春联（摄影时间：2011-4）

四、民间信仰的影响

尽管基督教基督徒敌视民间信仰，但在日常生活中，地方基督徒或多或少地受其影响。

尽管在礼拜中传道人都会指出不让请阴阳先生看风水，但在实际生活中，并不是每一个基督徒都遵循的，有不少基督徒都会请阴阳先生看坟地、房子等。在一次"交通"中，笔者和三自教会教务组成员吕XZ在前往县城的路上，那天是个好日子，一路上就遇到十起婚礼。吕XZ说三六九是个好日子，当天是农历十九，是朝王出庭的日子，因而不少人都会选择这一天作为结婚的对象。对此，地方基督徒大都没有持强烈的反对态度，只是说信主的不讲这个，但自己子女的择日多数也选择在三六九这些日子。

在烧香上，地方基督徒持强烈的反对态度。他们也极少通过祭祖这一途径来祈求获得好的运气。但在算命和给小孩起名上，不少地方基督徒还是会请算命先生依据周易八卦进行。笔者曾遇到一老年基督徒，他就不仅认同算命，而且还在卜算上下过一些功夫，认为可以从生辰八字、面相、手相上看出一个人的命运。

对此这种现象，一些传道员也大为头痛。他们就此事专门讲道，内容如下：

> 禁止穿红衣，不能存邪心，各种灾祸是人罪恶造成，所遭遇出于神，就是默然不语，安静在神面前，你就要蒙福。约伯就是个例子，不要自己想门，孩子跌倒叫魂，新坟插柳条，时时审看迷信意念，奉主名撒旦退去，只要耶和华在什么都好。信的人有神迹奇事伴随，耶稣做事都是话语权柄。我们单单仰望主，生死交托主，基督徒有事要省察，有罪该，没罪是神造就生命，遇事高举神，我是神儿女，人给你出主意，要分辨对错，或默然不语。迷信在我们心中不能存在，人想发财敬财神，住河边敬河神，白求恩下凡师祖是医生，把他们当神拜。约伯说赐福耶和华，收取耶和华，心中有迷信意念是魔鬼，不能让它进去，否则你就受亏损，进去它不想出来，我们是神儿女，看顾什么都不怕。

（资料来源：家庭教会孟YX听道笔记，记录时间：2011-7）

这些在一定程度上证明了民间信仰的根深蒂固，地方基督徒不可能完全脱离其影响。

第四节 社会关系格局

中国社会非常讲究社会关系中的"差序格局",他们常常用不同的标准来对待和自己关系不同的人(黄光国,2004: 6-11)。在差序格局中,社会关系是以"己"为中心,逐渐推出去的(费孝通,1998: 26)。对基督徒而言,其社会关系的亲疏取决于血缘和地缘,依次为家庭、亲戚、邻里关系,以及不同信仰群体间的关系。

一、家庭成员关系

1. 信仰下的家庭关系

1)全家信:和谐

全家信,即家庭成员都信主。在此影响下,全家人在基督信仰上的坚守能保持相对的一致,子女在父母的影响下往往从小就开始信主。

全家信的形成有两种方式:一是,家中老人和儿子都信主,再找信主的女子作儿媳。HS 村家庭教会的张 GX 在谈及结婚对象也只找基督徒时,说这样能相互理解,出去为神做工家里人支持,不会"扯后腿",而且可以相互督促学习,增长灵命,这都是神所喜悦的。他的两个小女儿尽管一个上小学、一个只是在幼儿园,但都信主,按时参加礼拜活动。就笔者调查的时间内,就遇到多起教友托人给自己的子女介绍对象,要求是信主家的孩子,最好是信主的。在他们看来,这样可以相互理解,而且主要求家庭和睦、孝敬父母,将来孩子们结婚了也会对他们好。这些都是地方基督徒大都希望配偶和子女信主的重要原因。其二,家中有部分基督徒,即"半家信",后来经过福音的传播和"神的拣选",皈依基督教,转化成"全家信"。

每次聚会的时候,基督徒们都会问及家人的信仰情况:如果是半家信,他们即会督促,指责其"太刚硬";如果全家信但有人没来聚会,他们就会询问详细的情况,如果没有非常重大的事情,就会被评定为"太软弱",参加聚会的信徒就应该提醒和督促没来的家人;如果全家出动参加礼拜,都表示羡慕,"看人家信的"。这种情况在小型聚会,特别是在家庭教会中,显得更为突出。这使半家信的基督徒都感到压力很大。为此,一些基督徒在介绍自己配偶时,认为配偶也信,尽管没有受洗,但属于"暗信"、"不露头信",以此降低小群体产生的压力感。当笔者问到孟 YZ 她在县城上高中的女儿是否聚会时,她抢着答到:"去嘛"。随后她女儿说自己在学校不聚会,只是每次回来的时候都跟她妈妈一起去聚会。

在地方基督徒看来，全家信是神所喜悦和蒙福的。其中一个事例为，BH乡一个姊妹非常爱主，婆家全家信，老公公更是当地的讲道员，聚会点也设在她家。神就赐福给她，她家在街上的门市生意一直都很好，信主的人也爱去光顾。她一直想有个女儿，但生了两个都是儿子。之后，她又怀了第三胎，因为违反计划生育，准备打掉，但觉得又违背教义。当时打电话给教友，教友告诉她说是生命不能打掉，是神所不喜悦的。于是她就祈祷神最好生个闺女，结果就是生个女儿。

对全家信来说，不存在信仰上的争议，因此在面对事情时，通过依靠神来解决这种做法，对他们而言是有效的。三自教会的孙 YQ 认为自己信主得到很多，其中就包括她丈夫在 2008 年汶川地震时刚好在汶川打工，于是她禁食祈祷，把丈夫的平安就交托给神，最后丈夫安全了。从汶川回来丈夫找不到打工的地方，她也祈祷给神。恰好此时，有熟人打电话介绍一份给公路修建挖隧道的工作。因为这个工作挣的钱非常可观，所以平时就不缺人，这次恰好是两个工人和老板冲突而被开除，所以她认为这是神的功劳。她说，丈夫以前并不积极参加聚会，但经过这些事后，不仅非常支持她上神学、参加培训，有时间就会聚会，而且当她丈夫遇到问题的时候也会向神祈祷，甚至有时候还打电话给她，要求一起祈祷。

2）半家信：包容或冲突

半家信是家中有不信主的成员，这种情况一般多是在灾难信的基础上形成的，被地方基督徒认为对自身灵性的增长有阻碍。根据家人的态度又可以分为两类：（1）适应与包容。往往是患难时在其他途径无效的情况下，皈依基督教后患难得以解除或好转。因为知道信主的效用，所以能理解信主家庭成员的宗教信仰，允许甚至鼓励其参加礼拜活动，包容信主在信仰与地方习俗张力下的"越轨行为"。（2）矛盾与冲突。家人基于传统习俗的观念，并不理解其基督徒的缘由；或者在具体情形下不赞同基督徒的做法和观念，会出现不理解，甚至冲突的情况。

孟 YZ 信主前患抑郁症，胡思乱想，总是焦急、烦躁，想寻死。其婆婆是烧香的，认为应该烧香、请神婆，她丈夫也很是支持，带着她到处请神婆。神婆说她被家门口的"长虫（蛇）精"缠住了，命不久矣，随后就拿菜刀在她背上拍来拍去。但这样也没有效果。没办法了，只好去市里的精神病医院进行治疗。在那里住院一段时间，别人吃了能睡一天的药剂，但她吃了只能睡两小时，每天精神恍惚，日益消瘦，没有明显的效果，"一下子把我熬得不信"。她丈夫去探视，见她瘦得不行，干脆又把她接回家。此后，他们又打听到灵宝有个人以前也得过一样的病，后来吃药治不好了。孟 YZ 便和其兄长寻到那里，向那人要了药方，吃了还是不见好转。亲属们都认为她这病治不了，孟 YZ 也认为自己是死路一条，她说当时看到亲人就觉得是见最后一面，每次要睡着的时候就害怕，觉得自己一旦睡着就不会再醒过来。她认定那一年肯定活不成的证据是：自己的母亲是她四岁的时候去世的，而当时她女儿刚好也是四岁。特别令她恐惧的是，在她家高处的地方有一家住户，那家的孩子和她女儿一天出生，而那家孩子的母亲在孩子出生几个月后就服毒自杀了。这使她认为女儿命硬，生日那天出生的人都克母，这就更加深了她的抑郁。得病一年，病情越来越重。由于担心随时可能过世，她就把别人欠她家的钱都要回来。有一次她在自家的门市上，有个熟人来找她理发。在理发的过程中，她随口问去哪里，那人说是去聚会，并劝她也去，说信了病就好了。她当时很犹豫，说自己什么办法都试过了，都不行。但那个熟人告诉她信主肯定行，她自己原来胳膊疼就是因为信主才好的，第二天就来喊着她去信主，一起去参加礼拜。回来的路上，孟 YZ 看到有人抬着死人的棺材，就想着自己活不了多久了，不定哪天也这样装到那里面被人抬着。可是，基督徒们都劝她要好好信，说神有大能。后来，孟 YZ 跟着参加礼拜，慢慢"信到里面了"，抑郁的症状也慢慢减轻，直至痊愈。丈夫也开始支持她的信仰；女儿当时年龄小，也随着她参加礼拜，逐渐也信主，但由于儿子小时候常跟着热衷烧香的奶奶生活，尽管也信主，也不参加礼拜，能理解基督教，在生活中也会考虑到母亲的信仰。在 2011 年的时候，他到外地办事买了一件脖子上的十字架玉器挂坠。玉器挂件中，一般为"男戴观音女戴佛"，问起为何不买观音时，他回答道，那是因为考虑到母亲的感受，戴观音不符合母亲的信仰，而戴十字架则符合母亲的信仰。

家住 SD 村的老年乔姓夫妇基督徒，在信仰问题上不仅得不到家人的理解，而且还为此产生一些矛盾和纠纷。由于他们信主是在三个儿子成家后，儿子们都不信主，儿媳们除了最小的儿媳信过主外，其他也不信。老人曾向笔者提到，在三个儿子盖房的时候，他们都没有去现场帮忙，而是到教会向主祈祷，并为此向教会奉献钱。除了最小的儿媳外，其他家人并不认同父母的这种做法，认为这都没有实际作用，并因此而心存不满。

2. 婚　姻

基督教义主张妻子凡事应该服从自己的丈夫，而丈夫也应该爱自己的妻子，基督徒应该遵守一夫一妻，夫妻二人合为一体，相亲相爱，不能离婚。当地教会也宣传，美满婚姻建立在爱的基础上，丈夫是家中的主人，妻子是丈夫的好帮手，同甘共苦，同心合意，遵神旨意，孝敬父母，教养子女，辛勤劳动，敬神度日，建立基督化的家庭。

整体而言，当地全家信以及夫妻二人为基督徒的婚姻基本都比较幸福，这不仅有基督教教义的约束，还有基督徒团体的压力所致。但如果配偶不信，特别是妻子信主，而丈夫不信并对基督教很不认同和包容，家庭往往会出现问题。正如前面所提及到的，信主的父母都希望能寻找一个基督徒的儿媳；相对应，信主的父母也希望自己的女儿嫁到信主的家庭中去。这在他们看来，有共同的信仰和约束，可以相互有个照应，儿女们的婚姻生活也不会"差到哪里去"。李 YY 姊妹在谈到基督徒的婚姻时说道，"《圣经》上说信与不信（的人），原不相配。两人都信主，信仰相同，就少发生矛盾，生活会比较和谐，比如本教会牧养的牧师和他的妻子关系很好，两人在神的家里很幸福。可是也许你遇到的不信主的那个就是主给你预备的，这样就要靠着去和那一半传福音，但两人刚相处就要表明自己的信仰，不管他是否信，但是要表示对自己信仰的尊重和接纳，然后慢慢相处了解。"尽管指明夫妇两人不都信主的解决方案，李 YY 也坦然承认自己只想找信主作为配偶，原因在于她认为两个基督徒的结合会更幸福。对于不信主的夫妇两个也可能会很幸福，她解释道，神造男女，让一个女人配一个男人，女人是用男人的肋骨造成的，夫妇两个能生活在一起是神所命定的，虽然幸福的夫妇不都是信主的，但他们的姻缘就是神所配，他们要走的道路是神所命定好的，不管他们信或不信。

基督徒身份作为家庭幸福保证的一个显著标志为当地信徒广泛接受，这使得地方一些信徒在实际生活中为子女考虑而过分强调主内婚姻的唯一性。孟 YX 的女儿雁子去了外地打工，半年之后就领了一个外地男朋友回家过年。对于女儿带回来的这个家庭条件不好、不信主的男孩，孟 YX 表示反对。主要是因为他不信主，另外离自己家远，而且家庭条件不好也是重要的原因。当春节后男孩要走的时候，孟 YX 就奋力拦下雁子，希望她能离开那个男孩，在家找个信主的婆家，也离自己近一些。渐渐地，雁子也慢慢考虑妈妈的建议，渐渐疏远了那个男孩。

基督信仰对基督徒婚姻内的行为作了纲领式的规定，如爱配偶、爱其父母、不能离婚等，这会让基督徒对不良婚姻的不满有更大的包容度，这种反应有可能感动配偶而使婚姻得到改善，但也有可能使基督徒禁锢于不断恶化的婚姻中。隋 YH 姊妹 25 岁，她的婚姻并不幸福。她婆家一家都不信主，老公也"不像个大人"，什么都不干，也没什么本事，毫无承担，整天上网打游戏，店里的生意从不照顾。但其婆婆和公公却都向着自己的儿子，家中的劳务和店里的生意都落在隋 YH 的身上，甚至有时还要忍受老公实施家暴。周围的人都劝她离婚算了，而对此，隋 YH 非常犹豫不决：虽然不满意这段婚姻，但当考虑到基督教的教义不赞同离婚、"神不让离婚"时，她就认为自己多承担点也可以。同样是基督徒的母亲在这件事上表现也是左右为难，无法给出态度。但后来的一件事让她有了离婚的决定。她发现她老公和别的女人混在一起，这在她看来是不能容忍的。隋 YH 认为，虽然妻子凡事皆须顺从丈夫，但丈夫也应该对自己的妻子忠诚，丈夫的花心让她觉得有足够的理由结束这段婚姻。

3. 子 女

1）生育：重视儿子

传宗接代的观念在地方基督徒中依然有非常重要的影响。在信徒的所做见证中，子嗣祈求是其中非常重要的类型。HS 村家庭教会的张 GX 已经有两个女儿，小女儿才两三岁，但还想生个儿子，认为这样老张家才"不会断根"。为此，他们夫妻俩以及其母亲就每日祈祷，期盼神能让他们完成心愿。

在 2009 年春节的时候，镇区上有几个二十多岁左右的男孩在一起交通事故中丧生。这对于他们人到中年的父母来说，是个致命的打击。其中有一个信主的家庭，抱养一个儿子。尽管还有一个未成年的小女儿，但他们认为，"如果他不收养儿子，那么将来的家产都要给女婿那个外人；如果他收养儿子，将来的家产还是给外人。而且他们现在年龄都大了，抚养起孩子很辛苦，等孩子长大他们也都老了，根本享不到这个孩子的福。所以，抱养别人的儿子实在是不值当，还不如省事把一切都留给自己的女儿"。这种情况并不少见。笔者岳父家的邻居是一对五十多岁的贺伯，他有三个闺女，都已经出嫁，最小的儿子在广州打工的时候不幸离世。贺伯给笔者提及，自己准备从高处过继一个成年的儿子，但三个女儿不同意，认为不是自己亲生的，等他们老了还不知道是否孝顺。其中有一个闺女说，她可以和丈夫、小孩一起搬过来照顾贺伯夫妇。但贺伯认为，现在再重新领养一个孩子也没有精力，女儿始终是"外姓人"，外孙也是"姓人家的姓"，觉得还是过继一个最为合适。

2）子女教养

鉴于信主能带来众多好处，基督徒大多都要求或希望自己的子女也信教。在子女教养上，地方基督徒在评价标准上和当地非基督徒一样，对自己的孩子的期望是最好是学习好，毕业能找到好工作。但不同在于，依靠的对象不同。非基督徒大多从烧香中寻找，而基督徒则是依靠神。为此，SD村的黄姓姊妹对自己的两个儿子很是不满。她家离李ZJ组长的家不远，而且同为C镇三自教会教务组的成员。在她看来，李ZJ家的女儿、儿子小欧都信主，所以都考上好的大学，毕业之后都找到工作，待遇不错；而自家的孩子不信主，所以都没上成学。她说，自己的大儿子和小欧是高中同学，当时小欧的成绩还不如自己的儿子，但小欧在每次考试前都向主祈祷，祈求神给智慧，在聚会的时候基督徒们还为此祈祷，所以小欧的成绩越来越好。到了高三模考的时候，成绩开始突出了。相比来说，自己的儿子则"憨"，不知道信主，也不知道向主要，最后什么学校也没考上。

其至在面临具体的问题时，基督徒也多从信仰的角度出发做出应对举措。依据依靠神的比重大小，可以分为完全依靠神的单一途径以及依靠神与依靠社会相结合的双重途径。

单一依靠神：多出现在对事情超越性的归因上。发生小孩吃不下去饭、迷糊、恶心呕吐，在非基督徒看来是"丢魂"，当地居民传统的做法是拿一个小瓷碗，舀一碗面，上面蒙上白布，在小孩面前喊道其名字，然后再喊"魂回来了"。基督徒则认为这是"不洁净"导致的。郭姊妹还在襁褓中的外孙女一吃奶就吐，她就其原因，是因为自己的女儿不小心抱着孩子到邻居家"串门子"，不想邻居是烧香的，在那里呆了一下午，晚上回来小孩就发病了。据此，郭姨认为这是"不洁净"所致的，因此她抱着外孙女到聚会点，让基督徒们在一起向神祈祷。此类事情不少，据一讲道员回忆，他儿时的时候去同学家吃饭，结果同学家客厅摆放这观音、财神等偶像。尽管心中嘀咕，但碍于面子还是坐下来吃饭，结果饭没吃完就开始呕吐。

双重途径：多出现在现实世界具体事情的解决上。在一次周日礼拜散会后，一个基督徒发现自己的孩子不见，有基督徒说见有个陌生人领着她家小孩。她就赶忙报警，同时得知消息的基督徒们返回教堂，开始祈祷，甚至有部分基督徒禁食祈祷，到晚上的时候还没有消息。基督徒们又开始通宵祈祷。等到第二天上午，市公安局打过来电话说孩子找到。当时人贩子把小孩拐到市里宾馆，准备第二天再走，但小孩晚上开始发烧，人贩子看小孩病生的重，就把他丢在宾馆。宾馆老板发现小孩，问清情况就上报到市里的公安局。此事在基督徒们看来，是神的大能的体现。

在具体事情的解决上，双重途径在非基督徒看来，大都是可以理解的；如果单一途径仅出现在信仰、心理层面上，他们也是并不反对；但如果用单一途径去解决实际生活中的问题，则认为是不可行的。镇区一个女信徒，她的丈夫常年在外打工，而她又经常不在家，对于她两个还在上小学的孩子来说，需要自己克服很多困难。比如两个正长身体的孩子可能连续几天都只吃方便面；如果学校需要交钱，就要孩子自己向别人借钱。对于她的这种做法，她自己的解释是："孩子们有主照看着呢"。在她看来，她出去是为主工作，主自会照看她的孩子们。就算是有一次当地发大水，她年幼的儿子却不见了。亲戚邻居都慌着到河岸附近寻找，担心调皮的孩子落水。而她仍然平静的呆在家中，放心的把一切都交给主照看。她的这种做法令亲属们都十分愤慨，认为没有尽到做母亲的责任。

4. 赡养老人

地方基督徒认为，家中老人活着孝敬，吃好穿好，死后信主的上天堂，不信的下地狱，因而也不会刻意祭拜。在他们看来，这才是真正对老人的孝敬。有基督徒认为孝敬父母是社会所称赞、夸奖的，更是作为基督徒的本份，因为《圣经·以弗所书 6：1-3》指出，"你们作儿女的，要在主里听从父母，这是理所当然的。要孝敬父母，使你得福，在世长寿。这是第一条带应许的诫命"。

DZ 乡的王姓姊妹是孝敬父母的楷模，公婆均患偏瘫病卧床不起，七年中擦屎刮尿，从不厌烦，受到村民的称赞，"三八"节被村、乡提名表扬，称为"模范媳妇"。但这种孝顺的女信徒并不多见，多数信徒和和非基督徒在赡养老人问题上都有孝顺和不孝顺的。一般而言，夫妻双方在赡养上往往会偏向自己的亲生父母。电器维修店的田 YH 和她老公都是家庭信徒，但二人也经常发生矛盾，甚至大打出手，主要矛盾就出在赡养田 YH 的公婆上。田 YH 的老公希望自己能对老人尽量孝顺，他经常对邻居们说的话就是："我爹妈要是哪一天有病了，我就是砸锅卖铁也要给他们治，也不用其他兄弟姊妹管，我一个人管"，对此田 YH 非常不愿意，认为这些事应该由所有兄弟姊妹一起管，哪怕自己出个大头，但坚决不能独揽。另外，现在田 YH 的公婆年纪也大了，她老公就不想让老人再辛苦了，至少不让老人再为金钱忙碌。但田 YH 则认为老人做点事也挺好，还举镇上谁谁家多有钱，人家的爹妈不照样在家种地的例子，这让她老公非常不满。尽管两人在对待赡养男方父母的问题上有较大分歧，但田 YH 对待自己的父母却是十分孝顺周到的，这与她对待公婆的态度形成对比。

基督教教义指明基督徒要孝敬父母，而且当地教会很有见解地提出孝敬父母是一种荣神益人的行为，可以作为众人的表率，但实际生活中并不是所有的基督徒都做得很好。想比较非基督徒，人们对基督徒的行为标准要求会更高一些，若出现信徒对父母的不赡养行为更能引起人们的不满和指责。当地有居民告诉笔者，一个信主的亲戚劝她信主，说天父对世上的人付出这么多，应该懂得感恩。但她觉得，那个亲戚对自己的亲生父母都不待见，父母生她养她，供她上学，为她付出这么多都不记得，都不知道报答，还谈什么感恩。

二、亲戚邻里关系

除了家庭关系外，基督徒与家庭外的社会人际关系主要有两类：一是亲戚关系，二是邻里关系。

1. 亲戚关系

如果没有信仰上的冲突，基督徒及其亲戚间的关系和非基督徒没有什么区别，但一旦有亲戚是烧香的或者是对基督教存有敌意的，他们之间的关系就会恶化。这时候，就如三自教会基督徒孙 YQ 感慨的那样，信主是一个"断绝关系"的行为。

孟 YX 的婆家在镇区，其丈夫共有弟兄姊妹 7 个，丈夫是老五，在信主前关系一直还不错。但在信主后，和大姑子（其丈夫的大姐）和四姑子（其丈夫的四姐）的关系渐冷。其四姑子嫁到离镇不远的 SM 村，但认为孟 YX 信主后到处交通、聚会，自己开的理发店也不用心打理，"迷进去了"，所以很看不惯，平日里也不走动，只有过年才"走亲戚"。而其大姑子则更近，同在镇上，但现在几乎不相往来。原因在于，她大姑子一家是烧香信佛的。2011

年 10 月份，孟 YX 的丈夫从外地打工回家，听说其大姐生重病，就去看望，但去了却并不受待见，特别是其大外甥，因为对烧纸非常的虔诚，见面就问他们为什么来，没说两句话，就打发他们走了。这件事在孟 YX 看来，是大姑子那家受到邪灵的侵害才造成这种局面。

马 DL 姊妹刚信主不久。她的大姐和小妹都信主十几年，多年前给她传福音时，她深感不满，反驳道，"你走你的路，我走我的路，谁也不干涉谁，我也不烧香，我也不信主，我一心一意一个劲地盼着凑活"，于是她们之间的关系开始冷淡。在 2010 年九月份马姨开始失眠，"私心杂念，想着乌七八杂的事"。她主要的担心有两个事情：自己膝盖骨质增生四年，一直饱受疼痛；有三个儿子，三儿得了骨软病，偏方吃了几年才有所好转，去年给他买了房，觉得对三儿太操心，把钱花完，心中没有依靠，非常失落，觉得"做人太难"。住医院半个月，用着安眠片不起作用。这时，大姐和小妹来对她说，信主可以治病，这才信主。马 DL 平时闲暇的时候来教堂，遇到姊妹在一起祈祷、唱赞美诗，慢慢心情好了，也能睡着了。现在，马 DL 和她大姐和小妹的关系好转，经常一起参加聚会。

2. 邻里关系

在地方基督徒看来，"爱"是基督徒处理人际关系的指导原则，他们常说，"爱你的邻居如同爱你自己"。对于邻里关系，三自教会的黄姨说，与左邻右舍相处，做事说话都时刻注意你是信主的，不要因为一点小事，就让人家抓住把柄。"如果人家骂你，还要学会忍耐，学会饶恕。如果他说的话不对，也要想想他的好处，不要只想他的不对"。她特别指出，要学会忍耐，"有什么事要是他办的很过分，就想想，管他呢，人在世上过那几天哩，搁不住跟他有啥计较，不给他往心里存就行了，以后见面该说话还说话"。

即使是在传统礼仪上，如果邻里"办事"[5]，多数基督徒都会积极前去帮忙。对此，家庭教会的负责人韩 HJ 就说，本来外邦人就是看不惯基督徒的一些做法，"这些事不合乎人家的口味、不合乎人家的心，人家就看不惯"。她特别强调，邻里谁家有红白事，作为基督徒不应该只守着自己的宗教信仰，应该前去帮忙。"谁家啥事你去帮忙，咱不图名不图利，这人家外邦人看你怪好。反过来说，谁有事你连忙都不敢帮了，人家也该说信主的怎么怎么啦"。

5　当地语，指操办婚礼、葬礼、诞生礼等人生仪式。

"不论人家按什么规矩办丧事，咱应该帮忙就去帮忙。作为基督徒，就是教人家得益处，教人家觉得基督是好的，人家就不会说三道四"。

在实际生活中，"爱"并不是基督徒的行为的唯一标准和根本原则，而是在不损害自身利益的前提下才"爱邻居"。如果有悖自身利益，信徒往往是以维护自身利益为前提的，基督信仰在其中多是起到一个提供解释框架的作用。经营电器维修店铺的田 YH 姊妹，在谈及她与邻里的关系时说道：

报告人：田 YH，女，39 岁，家庭教会基督徒，高中文化程度，信主 12
　　　　年。报道时间：2011-3。

我家门市上有个邻居，一墙之隔，因为两家小孩子老生气。那年他家想在他家门市后盖房子，我当然不愿意，因为这样一建就会影响我家出门，而且我认为这是生产队的房子，生产队让谁用就谁用。后来让村领导来评理，队领导说让我用。可是，感谢神，去年从大年初一到大年十五我都参加学道会，有天我不想去了，还是孟 YX 说我："你成天那么没智慧，不要什么都和神挤到一天"。结果我听她的就去了。回去，一姊妹说今天幸亏你不在，否则一定会吵架，因为我掌柜说把那片地给邻居，我当然不同意，因为这是我们的领土，不允许别人占领。我说谁也别说把地方给人家，这是生产队的地方，队长和会计如果说允许他占，咱不说什么，因为咱也是占的生产队的地方；如果干部不让占，那这地方就是咱的，他占不了。去找生产队干部，我是祈祷过后去的，平时也许会送礼，但是祈祷过后，想到神是公义的神，不必要送礼，咱是按照理，也不拉拢他。找到队里领导，他们也主张让我用，因为我家毕竟在这里租了十五年的房子了。回来后，第二天上午，那个邻居堵住我家房子，一问说要盖房子，我说大队干部说不许你们盖。他说是我丈夫同意盖的，我说他说算什么，这是生产队的地方，人家让谁用就谁用，我丈夫说的不管用。一说他觉得咱说的他没理了，就恼了，对方的弟弟本来就住过监狱，说再说我就打死你，我说感谢神，如果你打死我，咱照得着永生，咱信多少年，神都不要咱。你打吧，你要把我打的轻了，我今天中午也不用做饭了，我去医院疗养两天，打死了，我三四十了，也可以了，再说这世上也没什么盼头。后来他亲戚拦住了，没打住我身上。后来我掌柜来了，感谢神，神知道，他说："今天不说了，想盖改天再说"。其实他是想等我不在家，让人家盖。后来我又去找生产队，人家说他要盖的话就收钱，谁占谁掏钱，包括我原来占的。我一听，觉得如果因为自己让大家都掏钱，怕别人不知内情，认为是我挑的事。我跟神祈祷说："神啊，你与我同在，你要是不让我声张，我吃了这个亏也罢了。而且这样这样闹下去，不说邻居怎么看我，就是我掌柜的也会和我过不去，认为都是我才让咱白占的地方又要掏钱。另外，咱成天聚会，神经常告诉咱们要把世事看成粪土，就是仇敌也要去爱他，他占咱的地方当然是咱的仇敌，但是神让咱忍让，那咱就忍，感谢神，这个地方不要了"。最后，我给自己找了个台阶，跟队长说："你先别说收钱的事，我回去和我掌管商量一下，他说算了就算了"。神也教导咱们男子是妻子的头，咱要顺服他，不可把事情搞得太僵持。回来我也没和他商量，因为知道和他商量了他还是那么说，干脆我就把一切都祈祷给神，说："神啊，你看我这亏、怨，你让他挡住我的门，那神你就看吧"。其实很长一段时间内里特别难受，感谢神，我信的也不好，那一段我经常祈祷，我和我掌柜（即丈夫）因为邻居吵了好几次，他还和人家站在一条线上，实在是太气人了。后来我家哥哥来了，我把这事和他哥哥说了，我哥说你丈夫说是人家的地方，就算了吧。我一听，人家都这样说了，就算了吧，不必要搞的太僵持，咱一个妇女家。而且有人说："人家拉到咱头上了，咱把它拨掉，人家尿到咱头上了，咱蹲在太阳底下晒晒"。后来我又问神的仆人，人家说《圣经》上有一段就是说："打你的左脸的时候，右脸由他打；他要你外衣时，里衣也由他去"。他凶嘛，就给他，随他便，看他怎么样，咱就以忍耐为原则，感谢神，说咱也能说住他，理咱有理，可是反过来，咱不跟他争，感谢神，给他。可谁知去年夏天发了大水，感谢神，这是神的美意，当然水也不是冲咱来的，就是冲他来的，因为他家是做粮油生意的，他一下屋里损失了屋里很多面、米、挂面。仇敌他当时盖房子时，我不让他趁我家墙，让他自己重新磊墙，可他还是死皮赖脸还是趁我家的墙盖了房子，当时他家屋里进了很深的水，他都不舍得把自家的墙敲个窟窿，最后还是完全从咱那屋流出去，其实他家的米、面、麦都淹得很厉害，感谢神！我也没见他坐那哭，可别人都说见他在门口哭，感谢神，这都是神的恩典。我当时想，发这么大水，一下把我家冲成这样，我当时心里头也没觉着感谢神我的损失。我说神啊，你恩待我，我凭什么啊？我也是个平常的人，还给我分这么家当，我们小区也有房子，还有这里的生意，当时下的特别大，路上的水一下都到这里，你姑她们都淹到这里，水特别深。C镇街三道水，等我们下去的时候，背着孩子回俺老家都过不去啊。我说感谢神，当时我想那天晚上肯定会把俺家后面那间房子冲走，结果第二天早上，我老早起来祈祷祈祷来看看，还安然无恙。我想神啊你真奇妙，感谢神啊！我知道你的怒气不是冲着我来了，是冲着仇敌来的，就是冲着他来的。后来他还去乡政府要去给补偿，不过人家来问，我也说了，给了他家二百，给了我家二百，感谢神，这钱都是神的恩典。最后俺是黄柏村的，俺村干部说给补助，又给了三百块钱。那这些钱都是神的恩典，不给咱，冲了就冲了嘛，那这天灾嘛，咱也不会埋怨神，说神啊你为啥把我这都刮成这样？我觉得感谢神，那不是刮咱的，咱是被捎带的，感谢神。其实看到这的时候，有时候那老年人说："人叫人死死不了，天叫人死不用刀"。有时候人对打，拿刀弄丈，又是武器什么的，而神用火、水两样就把你治得了。打个雷，照样能把人雷死。神的怒气到的时候，水火无情。看到这，我说神啊，你真是爱我，水刮过之后我也没觉得难受，我想神啊，我都三四十了，你给我分的真不少东西，我自己有什么能力，是神你恩待我。很多人乡下能耐比我大得多的人连间平房都盖不起，而我感谢神的恩待，家里盖有两层楼，这样三个孩子将来大了也都有地方住，有个着落，我真知足啊，神啊你真是太恩待我，就是从这场事上，什么事不跟他争。

三、不同信仰群体间的关系

基督徒身份认同所带来首要变化即为自觉的群体划分。有次，笔者给李ZJ组长介绍认知概念时，他马上就回复基督徒并没有排斥不信主的人，可见基督徒在进行评价时，往往从其社会认同群体出发，进而去了解和评价。

当地信仰群体有三类：基督徒、传统宗教和民间信仰皈依者、无宗教信仰者[6]。这种划分为当地居民所认可的，如 SM 村的李 XC 就把当地人分三类：一部分是什么都不信；一部分是烧香；一部分是信主。在不同信仰群体的群际关系上，个体都基于自己的信仰来看待与其他信仰者的关系。从 C 镇教会的具体情况看，基督教又分为家庭和三自两类教会。按其信仰的远近关系，基督徒群际关系的示意如下所示：

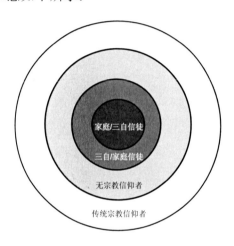

图 6-7 不同信仰群体关系示意图

从基督徒其所属信仰团体出发，群际间的关系大的方面分为三个部分：图中为黑色部分是基督徒内部的关系，它包括所属团体与同信仰下的其他团体，在当地为三自教会和家庭教会；图中灰色部分是基督徒与无宗教信仰者之间的关系；图中白色部分是与基督徒传统宗教信仰者之间的关系。

1. 教会内部：内群体偏好

无论是三自教会还是家庭教会，对其内部成员的关系最为亲密。两类教会成员之间多以彼此的不同进行自觉的划分，以维护自己群体信仰的合理性：三自教会基督徒多从信仰的合法性阐述，而家庭教会基督徒则多从信仰的纯粹性出发。两类教会基督徒内部亲密性的加强，除了信仰上的不同外，还受益于群体内部成员之间的互动上，如基督徒间的探访。

2. 两类教会之间：从分裂对持走向容忍

两类教会目前已不再猛烈地相互攻击和诋毁，而是形成一种默契的平衡。

---

6 无宗教信仰者不信一切宗教，在某种意义上讲也是一种信仰。

家庭教会基督徒不再去三自教会进行"拉羊";三自教会基督徒也不再举报家庭教会的活动。相比较无信仰者和其他宗教信仰者,无论家庭教会基督徒还是三自教会基督徒目前表现出更多的认同,"信一个神","没啥大的区别","只要信得好,都能上天堂"。相比较家庭教会信徒,三自教会信徒具有更大的包容性。

3. 无宗教信仰者:缓冲带

无宗教信仰者大多对基督教持包容态度,表示自己不信,也不干涉,也有一少部分人给出了负面评价,如王 F 说成天信主不做事的人"愚昧"。同时,这类人大都对基督教的作用有较为清醒的认识,认为信主对心理精神疾病有很大帮助,对生理疾病的帮助尽管不大,但也有一定的心理安慰作用,有助于病情的好转。

对于教会的复兴,鉴于两类教会相互制约的平衡局面确立,无宗教信仰者成为基督徒们争相争取的最佳资源。从两类教会的基督徒进行各种传教活动中,都反映出这一特点。基督教与传统宗教的传教依托不同,前者源自信赖,后者则出于一种恐惧。在 HB 村的贺 M 看来,基督教和佛教一样,都是劝人行善做好事,但具体手段不同。他说,佛教为了人不作恶,就采取吓唬人的手段,"你活着的时候做多少坏事,到死了以后就该惩罚你了,有的是搁到磨上推,又是说放到地上拉锯,又是说搁到油锅炸,它是采取这种办法让人活着的时候做好事"。而基督教则是正面教育,"用美好的愿望,让你有美好的向往,让你往那个方向去努力。如果你按照主说的,多做好事,将来你就能上天堂"。

无宗教信仰者有部分的唯科学论者,他们坚持科学至上,认为宗教给人虚幻的承诺。如镇初中退休的一名教师说,基督教和其他宗教一样,都是骗人的,"基督教说人死了上天堂,天堂啥样?谁能上去?那不都是虚构的嘛","实际上哪有什么天堂,地球只不过是宇宙中的小星体",所以"这些都不是科学,都不是真的"。但他同时又承认基督教可以劝人向善,对基督教的态度也很包容,"旁人信咱也不干涉人家,说不叫人家信,一个人都有自己的信仰"。"咱信仰咱是信仰科学,人家信是信仰人家的主的,信仰人家的学说的,这都是精神力量"。

4. 传统宗教信仰者:对立与敌视

传统宗教信仰者被当地人统称为烧香的,包括信仰道教、佛教和民间信仰者。他们是强烈反对基督教，也会去策反信主的人。比如 HB 村有个老太太信主，她的老伴去世的时候是按照基督教办的，没有按照传统的烧纸。事后就有一些当地烧香的村民跟她讲，他老伴在阴间如何缺钱花这类话，企图让老太太能够加入他们的行列，给自己的老伴烧香。

大学生团契潘 J 的家庭是全家信，爷爷、奶奶、爸爸、妈妈都皈依基督教，但她姥姥家的人却都信佛，每逢初一、十五还要烧香。潘 J 回忆说，姥姥家邻居有人生病的时候都会叫上姥姥，姥姥经常帮人家找人算命，因此妈妈很排斥姥姥所信的宗教。但她姥姥并不排斥妈妈所信的宗教，并希望妈妈好好信。在潘 J 看来，姥姥太顽固了，无法改变她的信仰，而且姥姥家人都信佛，估计无法改变，只有自己和妈妈这边家人信基督教，经常会担心姥姥来说服自己改变宗教信仰。

总之，在群际关系上，基督徒更倾向与自己所属群体（内群体）的成员联系在一起，宗教和日常生活中也倾向于帮助内群体基督徒或从中受益，如代祷和通过基督徒关系找工作，从而出现内群体互惠（in-group favoritism）。在看待不属于自己群体（外群体）的成员时，不同信仰群体的态度是不一样的：在面临其他信仰群体时，两类教会基督徒大都是为一体，"都是信主的"；对无宗教信仰者是以正常社会成员的身份交往；对其他宗教信仰者则处于"针尖对麦芒"的对立状况。

第五节　社会行为与心理

一、社会行为的表现

个体会根据其终极信仰进而调整自己行为以便与其保持一致（Gorsuch，2002：8）。总的来看，基督信仰对其信徒行为的影响表现在：

1. 利他行为

"爱"是基督徒社会行为的一个重要准则，由此进行的益人之事，可归于利他性行为。基督徒的利他行为带有很强的内群体偏好，即对属于信仰团体的成员产生利他行为的概率更高，如平日中的探访与互助。但这并不排除有极少一部分基督徒在处理肢体关系中的自利性。一次，笔者随同前往 TH 村做交通，在证道开始前由于座位有限，几个人便去隔壁搬凳子过去。其中，有一个中年女性基督徒只搬了一个凳子，她旁边的基督徒提醒她需要多搬一个，她却回应道，"我只管我，我不管他们"。2009 年暑假，城区教会要举办一次"布道会"，为此要准备一场比较丰盛的演出。其中有几个节目是舞蹈，但排练过程中，其中一个年轻的女基督徒对于自己在舞蹈中的位置不满意，要求自己做领舞，否则自己就不跳了，大家无奈只好答应了她的要求。另外，在演出正式开始的时候，她没有按照大家事先商量好的简单装扮的样式做，而是把自己打扮的花枝招展，目的自然还是突出自己。对于外群体，基督徒的利他行为要显著好于非基督徒，但其行为不可避免带有传教意图，特别是以团体的形式进行的利他行为，如前面提到过的舍茶、拥军、扶贫救灾、助残助教、修桥铺路、社会公益、植树造林、爱心奉献等这些荣神益人的行为。

对于其他宗教基督徒的良好行为，孟 YX 认为，"咱信主的啥神都不纪念"，"咱信主的，有的通坏的，还不如人家烧香的人。但是耶稣是完全的，他把咱的替了，咱是凭证这个条件才进天国"。也就是说在她看来，能不能上天堂是最重要的，而上天堂的唯一依据是是否信主，不在于在世上做好事或做坏事。换句话说，即便是做坏事，只要信主也可以上天堂；相反，就算是在世上做很多好事，但是不信主，也不能上天堂。

2. 行为约束

基督徒认为神让他们做公义的事，这让他们觉得自己日常生活中的行为须要符合公义，如不吸烟、不喝酒、不打牌。一次，和孟 YX 一起到饭店吃面。临走前，桌上有一些没吃完的蒜，有人建议她拿走，她犹豫许久才放下，并说："你想拿你拿，我不拿，这不合我的身份"。对于行为的约束，家庭教会的韩 HJ 姊妹认为，世上还有着三大纪律、八项注意，而基督徒作为天国的人，应该做得更好才行。关于信仰对行为的约束，在 XZ 县任教的翟老师做了一个见证：

报告人：翟老师，男，37 岁，家庭教会基督徒，大学文化程度，信主十几年。报道时间：2011-9。

去年我和我爱人评职称，要求必须有课题。因为我们当时确实也比较懒惰，课题搞的很晚。我有一个课题，我爱人没有，其实在之前有几次机会，人家说可以把我们的名字署上，但是我们拒绝了。这次我就跟一个朋友说，让我爱人写一段。但是最后我那朋友给忘了让我爱人写了，但是在结项的时候把我爱人的名字加上了。我爱人当时也愿意了，但后来我就跟她说，我们都是信主的，以前那么多次机会我们都没要，何必急于这一次。后来我爱人就同意了，决定再等一年。后来有一天，我跟一个朋友聊天，说是用校级课题也行，因为我爱人之前有参加过校级课题。当时我们评助教的时候，学校让填很多表格，大家都在很认真的填，我说你们放心吧，咱这批人肯定不需要那份什么要填论文、项目的表，后来果真是什么论文都不要，就直接评了，我爱人就评上了。结果今年就需要看论文、项目了。实际上我们之前也可以努力一下，也不会当时那样。但是就是没路的情况下，上帝给开了一条路。别人事后都说我们幸运，但我们坚持不要人家加我们名字的时候，人家都觉得我们傻，莫过于一种神经病的表现，我们有信仰，跟别人不一样。但是他们看到了这个事情，他们说基督教好，但实际上还是不信。

自 HB 大桥 2012 年修好后，镇政府在靠镇区一侧的河岸边修建娱乐活动广场，成为当地人晚上特别是天热时活动的一个最佳场所。针对跳舞一事，三自教会和家庭教会的信徒们大都持强烈的反对态度，认为一个男的一个女的整天搂在一起跳舞，早晚会出事，当地已因此出过好几起离婚案，破坏别人家庭，影响很坏。针对跳舞一事，笔者咨询孟 YX 姊妹的看法：

> 报告人：孟 YX，女，51 岁，家庭教会基督徒，初中文化程度，信主 14
> 年。报道时间：2014-8。
>
> > 笔者（以下简称为徐）：河边广场现在晚上都改成跳舞了，我见
> > L 姊妹也去了。
> >
> > 孟 YX（以下简称为孟）：在世上过再世或超世的生活，我给她
> > 说过，她不听，我说怎还聚个啥会。
> >
> > 徐：L 姊妹估计是好多人去跳舞，她也跟着跳跳。
> >
> > 孟：就跳舞，我寻思不喜欢。
> >
> > 徐：你没再和她说说？
> >
> > 孟：我说她她又不听，（现在）不想说她。即是说她啥，她也不
> > 听你。
> >
> > 徐：她一直脚跟疼，她是不是觉得跳舞可以锻炼身体。
> >
> > 孟：身体再好下地狱不也是没用。

三自教会的孙 YQ 姊妹认为跳舞是受到邪灵的侵蚀，信徒应该坚守本分，

不去参加这一活动。当笔者问起如果不跳两人的交谊舞，而是该跳单人的广场舞是否可行时，她认为相比较交谊舞，单人舞是可以的。

究其根源，基督信仰之所以产生约束行为的原因有两个方面。其一是基于对神的敬畏。丁 JH 姊妹就说，人的行为不行，就不配去信神。在家里骂人、偷摸拐骗，再去信神可能吗？信神不让你偷人家、骗人家，如果违反就一定会得到报应，因为神就是这样嘱托你的。其二是基于社会的压力。HB村长的母亲是一位老基督徒，听那里的年轻人讲，他们小时候经常听她讲鬼故事。但村里的人对她的评价并不是很高，原因在于他们认为她"信主还骂人，算啥信主的"。为了在世间荣耀神，信徒们就很注意自己行为所带来的影响。

3. 行为指导

基督教对某些社会行为给出了非常详细的规定。而这些规定正如一些行为上的标准，指导着基督徒的行为。在处理家庭关系中，如在地方基督徒中流传的《全家六爱》就指出：家庭中各个角色的行为规范：

> 当父母的应当爱儿女，万不可因他怒，比他更不义。你只要按主的道，让主养育他，讲道理、学仁义、做表率，人人都夸你。
>
> 当儿女的应当孝父母，爹操劳，娘受苦才把你养成人，羊跪乳，鸟返哺，还报养育恩，人比鸟有智慧，应当孝双亲。
>
> 当公婆的应当爱儿媳，万不可说她是金钱买来的。你只要待她好，当个亲闺女，你就是说错了，她也心欢喜。
>
> 当儿媳的应当孝公婆，万不可说公婆没有生下。可知道，你丈夫是她亲生的，为娶你受劳苦也是很多的。
>
> 当丈夫的应当爱妻子，万不可胡打骂终日找是非。你可知你家中也有姐和妹，到婆家人打骂，你也依不依。
>
> 当妻子的应当爱丈夫，大小事要商量，并且要顺服、谦卑又忍耐。蒙神多祝福，听主话，身死后，灵魂见天父。
>
> 当兄嫂的应当爱兄弟，替父母分担也是应该的。弟妹爱兄嫂，妯娌都和睦。听主话，身死后，灵魂见天父。
>
> （资料来源：三自教会基督徒相互抄写的笔记，记录时间：2011-8）

其至在应激情况下，如何去做，在基督教的宣传中也给出比较适当的反应。其中，就包含了一些心理学知识。这些基督教的宣传给出具体的行为指南，其功能类似于心理咨询常用的认知行为疗法。基督徒潘姐皈依之前的脾气不是很好，嫁人后婆媳关系处理的也不太好，后来她和她婆婆都信耶稣了，很是痴迷，一见信仰好的信徒就拿出《圣经》来请教问题，逐渐明白和开始坚守家庭角色的行为规范婆，媳间的关系有了很大的改善。

"爱的律法"是基督教教义给其信徒最大的行动指南，遇到现实问题亟需解决时，地方基督徒会依此祈祷给神，让圣灵做工。HC乡基督教会拟建新的教堂，筹集的建资款丢了两万元。有信徒认为要报警，但更多信徒提出不能像世人那样报警，只有祷告神，让神解决，"他若不还钱就让他生病"。教务组的一个成员举例，以前当地有个基督徒被车撞成重伤，祈祷给神，病慢慢好了。但撞他的人不愿赔偿，于是神施惩罚，让他寝食难安，后来没办法他只有主动送三万元过来。

4. 原因解释

对于基督信仰为何能对基督徒行为产生影响，信徒们认为这是圣灵做的工。汤HS弟兄谈及时就认为，信主的人就是神的灵在他里面，而不信的人，神的灵就不在他里面。圣灵使信徒成为新人，即属灵的人，使其在生活、行动、意念、心思各方面都发生变化，"说话也不一样，做事也不一样，生活也不一样"。跟不信的人都不一样：圣灵在你里面会感动你、帮助你、约束你。他举例说，有个小偷有次去教会听道，回家后又去偷别人家的东西。以前要是不偷人家点东西，睡不着觉，这次他偷了东西，回去睡不着了。第二天他去问牧师，说："牧师啊，我是生来好偷人，我昨天听听你的道，我回家了我又去偷人家，一偷我睡不着觉是咋着来"？牧师说："你已经重生了，因为神的灵已经进去约束你了。神在里面住着呢，你去偷的时候，神不让你偷，改变了你的生活"。汤HS阐述道，如果没有神的灵，他就是杀了人心里也不害怕，心里不服气。由此可见，有神的灵和没神的灵不一样，是两个人。

汤HS进一步以良心进行论述。他说，听了道以后，不叫偷人，不叫骂人，不叫敬假神。当你做了这些事后，就会心里不安、着急发愁，这是良心受着责备，而这就是有神的灵。对于有些基督徒不荣耀神的行为，汤HS认为，他们信主多年，可是生活并没有发生改变，说明神的灵还没接进去。对于圣灵的重要性，汤HS弟兄说，"进天国凭的就是这灵。人若有基督的灵，就能回天家；没有基督的灵，就回不去天家。别看这平平淡淡的信，这个信可不是很简单的信，神要真凭实据的，不是要外表的"。

在现实的日常生活中，若基督徒做了不荣耀神的事情，就要进行自我的反省。当地信徒就提出，如果做错了事，得赶紧说："主啊，我今天信你了，我又做这些事情"，以此来降低内心的不安和焦虑。正是有这一意识中的警惕，指导和约束基督徒在日常生活中的行为。

二、心理健康的维持

人的行为受观念影响，心理健康状况也是如此，有较高的精神信仰水平的人表现为较少的精神问题（景怀斌，2003）。而且，宗教实践还能减少生理和精神上的疾病，增强其对身心疾病的康复和调整（George et al., 2000）。生理健康在见证中已有所论述，而信仰在生理健康上的成效主要通过心理层面而产生的，故在此仅论述基督徒的心理健康。

1. 心理安慰与激励

从皈依原因和见证中可以看出，基督信仰在治疗生理疾病上的积极作用。这一点，当地非基督徒也是承认的。但对于其作用的机制，基督徒和非基督徒之间却有着不同的看法。相对于基督徒认为是神的大能，非基督徒则认为信主能治病多是心理安慰的效用。HB 村 T 岗的贺叔告诉笔者，早些年，当地组织农民健康的拉网排查，查看村民是否得胃癌。里沟有个人，检查完后，通知他患有胃癌。一接到通知，他就躺倒了，在卫生院住院住了两三个月，身体越来越差。后来，上面又下通知，说对他是误诊。他一听到，就立刻能下床走了，不吃药打针病也好了，据此，他认为，所谓信主能治病仅是心理上的安慰和激励，并不能真正治病。

其次，基督信仰还起到心理激励的作用。基督徒在劳累的时候，特别是农忙时，由于劳动强度大，他们都会通过祈祷来减轻身体上的不适。孙 YQ 姊妹的丈夫在外打工，秋收时经常自己一个人收玉米，很是辛苦。她说收割玉米的时候早上累的起不来，于是就在床上祈祷，等一下觉得好了，"神加着力量呢，要不是神加着力量，可是做不行的活"，有时候身体老是不好，喊喊主就好点。此外，她还指出，有的时候自己的灵性不够，最好还要打电话给别的基督徒代祷。前一段，头痛的厉害，自己觉得很不舒服，也祈祷不成，就打电话给来过的一个传道员，请他为此祈祷，过来一会就不觉得痛了。笔者在 S 县宗教局进行访谈时，一个工作人员提到她奶奶是基督徒，前几年生病动手术，疼的睡不着觉，于是祷告给神。别人问起了，老人就说祷告后就不再疼了，但那位工作人员回忆说，祷告起了一些作用，但效果有限，并不像老人所说的那样。

2. 积极的生活方式与态度

基督教的教义不只涉及与世界的关系，还涉及到终极的关怀，由其决定基督徒对此世的基本态度是积极的。正如 Streng（1984/1991: 59）所说，"在彼岸的终极力量作用下，一个人会在精神上获得新生，他会有一种和平、向善、欢乐、信赖的内心感受，并且在崇拜与信仰的情感宣泄中表现出来"。当地信徒在提及信主的好处时，常常认为信主能让自己喜乐平安。有基督徒提及，"有神你就不会虚空，做任何事都会有兴趣"。基督的信仰不仅让信徒有感恩、虔诚的生活态度，而且其宗教仪式上的一些成分也利于信徒的积极生活态度。如经常吟唱赞美诗可以使人们内心得以宁静,使之心灵得到净化、使人体得以放松，具有一种缓解精神压力和放松人紧张情绪的客观治疗功效。有心理治疗的作用。

3. 作用机制

基督信仰对基督徒的心理健康有着积极的作用，其发生效用的机制主要有以下四种路径：

1）认知转化

在日常生活中，基督信仰能通过改变基督徒的一些观念，在认知的层面上给出一些合理化的解释，能有效降低基督徒在处理矛盾问题上的情绪反应。

基督徒叶 GL 曾向笔者讲述她信主后的变化：信主以后脾气变好了。以前如果丈夫跟她嚷嚷，她一定会向对方吼。为此，他们还曾经大打出手，每次生气都令她痛苦不堪，都会把家中的东西乱摔。信主后，由于主教导要忍耐，所以当对方发脾气时，可以忍耐。再遇到丈夫的挑衅和令她不满的表现时，她就暗示自己是信主的人，主不叫生气，要家庭和睦，她说还是有一定效果的。她特别提及有一次，丈夫对着她大吵大嚷的，自己的脾气上来，想发火，她告诉笔者，那时候她就会劝解自己"权当狗在叫"。她说，这样一想，就不再生气，甚至有时还笑出来，觉得没什么。丈夫看到她笑，也就发不起来火了，这样就避免了一次家庭战争。

孟 YX 到深山两个地方讲道。第一次讲道时，她"按照《圣经》上记的别人讲的要点说，说的很顺，大家都说好，特别是自己声音也大，就是聋子（指听力不好的人）也说听得见"。去另一处时，那边已有姊妹在证道，她觉得她们说的很肤浅，便开始有点看不起她们了。但该她证道时，她却感觉不知道说什么，因此说："主不让讲了"。第二次孟YX证道的内容与第一次不同，她并不熟悉。但这件事在她看来，却是神对她的提醒，"只有谦虚的人才受主喜欢"。

2）心理支持

基督教能给基督徒提供一种心理上的依靠。正如丁JH姊妹所说，在遭遇苦难时，你心里可以自言自语祈祷神，这样就会有一种依靠。家庭教会的汤HS弟兄在谈及信主的益处时，更是直接指出，"信神不过是大小事心里不慌，有个依靠。想着神有大能，只要有这个依靠，心里面就不惧怕、不慌。不信神的时候遇见事，没一点指望气，这咋着呢？没门。信主了就是遇上啥事也不慌，因为咱有神。纵然说有时候也有苦难，苦难是过去的，暂时都过去了。就是有个指望，有个依靠的地方。不管平时弄个啥事都有个胆，给你壮着胆呢，有个依靠"。在谈到皈依后的影响时，李YY姊妹就说道，信主后生活中的事情都能看的很开，因为苦难是化妆的祝福，想一想就没事了，很多事情都有了依靠，神说：凡劳苦担重担的到我这里来，必得享安息，贫穷疾病的咒诅也借助神得到释放，有神真好，所有的一切都是神所给的。

3）归属感

归属感是人类心理基本需求。归属感是个人对友伴、家庭、组织和团体认同的需要，当生理和安全需要得到满足后，个人就会受其支配，从而表现为希望成为某一团体中的一员（参见 车文博，2003：125），即具有群体资格的身份。归属感的缺乏正是当地社会的一个严重问题。由于生产力的快速发展和国内社会的稳定，国人的生存和安全问题已基本得到满足，但同时却由于生产方式的改革，家庭结构趋于微小与人口的流动，传统社会向现代社会转变以及整个中国社会正处于转型期，国人对归属的需要显得尤为迫切。而基督教是能给基督徒提供一种归属感。如作为回民的丁ZD，在谈及为何信主时，说自己单身，和肢体们在一起，能找到家的感觉。三自教会教务组的刘LZ姊妹曾向笔者提到，外甥在外求学，但没找到可以聚会的教会，她就托关系打听当地的教会情况，好让外甥在当地有个落脚点。刘P姊妹在谈到皈依缘由时，坦承自己自己有点自卑，不爱和人说话，而在教会里，弟兄姊妹都像一家人，没有什么比较，愿意敞开心扉去说话，和大家交流，很喜欢待在这里的感觉。

4）生存意义

生命空虚感或人生意义失落是心理问题的一个方面。在这一方面，宗教具有得天独厚的优势，它天然与人类生存的终极问题息息相关，回答死亡和永生问题（Malinowski, 1944/1999: 166）。思考死亡使人们重新审视真实性和存在的真实意义。海德格尔说："死亡是一种与众不同的悬临。这种与众不同的悬临在生存论上的可能性根据在于：此在本质上对他自身是展开的，而其展开的方式则是先行于自身"（Heidegger, 1927/1999: 147-148）。这即是说，只有意识到死亡，才能使我们回归本真的存在。死亡使我们回归本真的存在。死亡使我们意识到：时间在流逝，我们的存在是有尽头的。死亡让我们回顾我们的过去，检讨我们的存在，规划我们的未来（陶黎宝华，甄景德，2011: 139）。对基督教而言，它正是通过回答生死问题实现其终极关怀，从而提供给基督徒一种生命存在意义的解释。基督徒一旦确立复活审判的观念，世俗世界具有了神圣维度，有限人生拥有了无限遐想，它便被置于一种终极意义之中加以思考和反省，有了一种超越性的坐标定位中。因此，信仰基督的人们以超越的、他世的诉求入世行事，具备了超然的视角，而这种终极观则在某种程度上为基督徒提供了发展动力和意义来源（唐晓峰，2013a: 201-202）。这一效用对农村基督徒尤为如此。其原因在于，农村基督教是一个边缘化的信仰，又在一个边缘化的社群中传播，可谓是韦伯所谓的被歧视阶层的宗教，因此它很容易转化成末世信仰运动（梁家麟，1999: 189）。

当地基督徒在提到皈依基督教的目的时，明确指出是要永生。不少基督徒更是提到，应该为自己的灵魂安排安排，黄泉路上不分老少，不一定自己啥时候死。应该以投靠神为最根本的。来到世上别的不说，永生一定要抓住。对当地一些非基督徒来说，死亡是一件非常恐怖的事情，特别是对一些老年人。而生死问题对与基督徒来说，它只是肉体的死亡，但在另一层面上，灵魂却得以永生。

三、社会现象认知

地方基督徒对社会现象进行认知时，多从所理解的基督教教义出发作出自己的解释。加工社会现象时，地方基督徒的认知过程具有以下特点：

1. 归因：归于神

地方基督徒在进行事件归因时，最终都要归于神的大能。当地一名少女皈依家庭教会后，积极参与礼拜活动。一次，晚上的聚会结束后，她独自一人返家。在路上，有歹徒看其一人，就向前调戏。她非常恐惧，就想起其他基督徒所说的，有事叫主，主就会帮助。于是，她大声高呼，"我是信主的"。歹徒听到后愣住了，赶紧跑掉。此事成为地方基督徒论述神大能的一个见证，认为是神保护了那名少女。

叶 GL 的一个亲戚患有眼疾，她听说附近一个杂货铺店主曾经也患同样的疾病，但已经治愈。她就在一天早上前去询问，正好在路上遇到。那位店主告诉她，店铺早就不干了，只是那天有事刚好从这里经过，"凑巧了"。叶 GL 认为，如果不是那天就遇不到的，如果不是从那条路经过也遇不到，所以这是神的恩典。

2. 动机：维护神

当地信徒经常提到地震并把它作为对神迹的一种见证。在他们看来，自然界发生的一切事情都出于神，神不允许的时候，世界上都不会有地震；世上有地震，肯定是神允许的，是神对不敬神活动发怒的结果。几位基督徒偷偷告诉笔者，唐山大地震是由于当时地方政府对基督徒进行压迫，要求基督徒放弃自己的信仰，准备将那些不放弃自己信仰的基督徒用大卡车运到西北进行改造。由于这种行为触怒了神，在卡车刚出唐山时地震就发生了，那些不信主和放弃对主信仰的人最终受到了惩罚，而坚守自己信仰的基督徒最终得救。当问到汶川地震时，他们认为那里的人没有信主的，笔者说那里也有一些基督徒，他们断然否认，认为肯定不存在。

当遇到认知上的困境时，信徒们也很少会动摇信念，而是对前提或者所具有的属性进行否认从而捍卫自己的信念体系。一些基督徒还可能通过歪曲一些事实的途径从而得出自己想要的结论。如笔者对个别家庭教会基督徒提及在笔者的故乡存在两个三自教会教堂的实际情况（一般来说，在镇区只会有一个教堂），而其中一个家庭教会的基督徒就在对笔者家乡没有任何了解的情况下，执意认为笔者故乡那里是家庭教会与三自教会各自兴建了一个教堂，分足鼎立。

在某些情况下，有基督徒甚至还采用人身攻击等谬误手段来维护自己的信仰。比如笔者问一些基督徒："如果人一出生就充满罪，只有信耶稣才能赎罪，才能最终得救，那么安排万事万物的神为什么不让人类都信奉他呢"？他们给出的解释是："这是因为神虽然拣选了人，但同时也让人有自由意志，关键是看他的信心"。但稍后这些基督徒又对笔者说："上帝那里早有一个名单，当灾难来临时，上帝会根据这份名单让他们进入天堂"。笔者又问："那么如果上帝早就拣选好了，就不会再试探来考验基督徒的信心"。他们听了之后，就说："只要信主、听主的话就可以了，神是人无法理解的，这样去钻牛角尖，问'为什么'就会受到魔鬼的引诱"。

第六节　地方基督徒的政治心理

政治心理作为政治文化的主要组成部分，主要分为政治认识、政治情感态度和政治行为倾向三个维度（万斌，章秀英，2010）。其中，政治认识主要通过基督徒具有的政治知识来衡量，情感态度包括政府感观、政治信任和政治效能感，行为倾向包括基督徒对政治的关注以及公民的政治参与。

一、地方基督徒政治知识状况

政治知识指公民对政治事务基本运作规则的认知，主要包括对职位人物的认识、对政府体系制度和对最近政治资讯的了解。在对职位人物和政治资讯的认识上，当地基督徒呈现出"两端强而中间弱"的特征，即对国家领导人和国家大正方针政策有较高的认知度，对与自身利益直接关联的镇村政治也有一定的了解，但对省、市、县一级的政治信息不甚了解，存在较大的落差。其中，当地基督徒获知国家级政治信息的准确度最高，这主要是因为随着我国政治信息公布日益快速化和多渠道化，电视广播等传统媒介对国家政治信息的重点关注以及滚动重复播放的形式，使当地基督徒对国家级政治信息的获得更为便利、更为直接。在中间各级政府信息获知上，当地基督徒对省市领导人和相关政策最不了解，对县一级的政治信息略好一些，这一方面是因为中间各级政府和农民的切身利益并无直接相关联，另一方面则是中间各级政府的信息传播的主要渠道为地方电视台和报纸，而这些渠道是农民并不关注的。农民不会花钱订阅报纸，对他们而言，赚钱致富是生活的主要目标，没有多余的时间和精力去关注政治这一上层建筑，经济水平不高限制其政治心理活动的内容和水平（韩广富，2007）。当地电视台播放新闻的时间一般为新闻联播前后，尽管这一时间段内农民多数在家，但他们喜欢收看的节目多为电视剧和娱乐节目，很少有人收看地方新闻节目。和中间各级政府信息不同，乡镇一级政治信息获取不足的主要原因并不是农民和农村基督徒的主动性和关注度不够，而是这一级政治信息缺乏有效的传播媒介。

对政府体系制度的了解程度，当地基督徒和当地农民一样十分匮乏。在他们看来，信徒"是专一信神的，国家的事咱不过问"，"那是属人的事，咱只说属神的事"。在基督徒中，男性政治知识要好于女性，这是因为农村地区"男主外，女主内"的观念至今仍然存在，认为女性的责任就是照顾家庭和孩子，其全部精力都在家庭上，对政治的关注和兴趣就少。

二、地方基督徒政治情感态度状况

政治情感态度部分包括政府感观、政治信任、政治效能感。政治感观，顾名思义，是民众对政府的总体印象如何。农村基督徒总体对国家的政治、经济和社会保障感到较满意，认为现在不用交农业税还进行补助、看病国家还能报销一部分。汤 HS 弟兄就说，"国家现在让老百姓满意的事，一是税减少了，不再交公粮了，其他许多税也都不让你出，往年还得交公粮；再一个是政府给咱补贴不少，俺从高处挪下来，每家还发一袋面"。

政治信任是对各级党委和政府的信任程度。在政府信任上，农村基督徒和当地农民一样，表现出"上满下不满"的泾渭分明态度，即认为中央政府确实为民着想，制定的政策好，老百姓拥护；但下面的官员腐败，多是拿钱吃喝、买车，或是送礼，走不正当关系，"现在老百姓就是比较痛恨这么多的贪污腐败，把老百姓该得的好处都拿走了"。更有基督徒直接提出自己的划分标准，"中央、省是好的，但县、乡、市一层层不好"。和农村居民一样，农村基督徒对党和中央政府的权威有较高的认同，但对地方基层政府和基层干部却认同较低。这与地方政府和干部的不作为有关，"中央政策好，地方难落实"的问题已经成为一种普遍的问题，从中央到地方，经过层层机构，政策的落实很容易变形、歪曲，或者由于地方执行人员的素质不够，无法反应政策本身的真实意图，使农民没有享受到政策带来的实惠，从而引起农民对地方政府的不满。

政治效能感包括两种不同成分：其一是个人认为自己对政府有影响力，其二是个人认为政府会对其要求做出反应。总体来看，政治效能感是农村基督徒在政治情感态度上最为不满的因素。政治效能感的有效调查主要是通过询问"你对政府的所作所为有没有任何影响力"、"政府官员不会在乎一般老百姓的想法"、"政治有时候太复杂了，不是我们一般老百姓能够明白的"（李蓉蓉，2010）这三个问题来考察的。依此对当地基督徒进行调查发现，他们对政府特别是基层政府的办事效率和服务意识不满意。在他们看来，官员的表现就代表了政府的形象，基层官员"不做实事、只知送礼，怎么能令老百姓满意"。这种现状在他们看来正在逐渐得到改善，特别党的十八大以来，中央政府在惩治腐败的工作令他们感到满意。

三、地方基督徒政治行为倾向状况

政治行为倾向包括政治关注和政治参与两个。政治关注是民众对政治事件的关注程度，总体而言，农村基督徒并未表现过对政治信息的高度关注。农村基督徒老人、女性和受教育程度低多，使得他们倾向于保守的基要主义神学观，注重个人的灵性及其与上帝的交通上，且强调对《圣经》的理解和字面意义。这种倾向使得他们更不关心政治，多持政治冷淡态度。在调查中，当地基督徒较少关注政治信息，平时也很少谈论政治，认为基督徒应该呈现出对政府的顺从，"干部们只是上帝派来管理世上人们，刑罚作恶之人，我们要顺服他们"，"你在这世上生存，受空间辖制，还得听官员的话"。这是因为基督教的教义规定的，《圣经》明确指出，"在上有权柄的，人人当顺服他……当得粮的，给他纳粮；当得税的，给他上税；当惧怕的，惧怕他；当恭敬的，恭敬他"。

农村基督徒获得政治信息的渠道仍为传统方式，多为广播电视、他人转述，信息的准确度和信度较差，这主要与农村基督徒的构成息息相关。农村基督徒一直以来就以"三多"（老人、女性和受教育程度低的占多数）为主要特征，文化知识和年龄成为制约其信息渠道多样化和准确度的重要因素。相比较占人数绝大部分的老年基督徒，占人数小部分的青年基督徒信息渠道呈现多元化趋势，不仅有传统的电视广播、转述等形式，而且随着地区经济收入的增多，电脑和智能手机也称为青年基督徒信息获得的新渠道。相比较传统渠道，电脑手机渠道使得青年基督徒在信息的获得上更具备主动性和选择性，他们多只选择自己感兴趣的娱乐信息进行阅览，对政治信息关注不够，从而造成在很多政治信息内容的获知上还不如老年基督徒。

和当地农民一样，农村基督徒整体的政治参与水平和能力都较低。调查了解，大约一半的农民没有参加过村里的选举活动，而基督徒则大多数没有参与村镇层面制度化的政治活动。正如在政治情感中的表现，农村基督徒对政府表现出一定程度的怀疑倾向甚至出现政治冷漠，在主观上拒绝对政治认知的有意识培养，就会导致对政治活动的心理卷入程度较低，对政治活动不感兴趣，不愿花时间和精力参与政治活动，从而表现出政治参与的疏远和冷漠。

四、地方基督徒政治心理的总体特征

地方基督徒政治心理的现状为，在政治知识上的获取及准确度都不足，政治情感态度出现分化现象——对中央政府的信任和好的感官和对基础政府的不信任和不好的感官，政治效能感较差；政治关注和政治参与不高。从一次访谈对话中，可以反映出当地基督徒在政治知识上的不足缘由及其所持的政治冷漠态度。

报告人：贺 GZ，女，52 岁，三自教会基督徒，初中文化程度，信主 12 年。报道时间：2013-10。

笔者（以下简称为徐）：咱信徒关心时政新闻吗？

贺 GZ（以下简称为贺）：关不关心新闻，我也不知道，反正我是不看（时政新闻），看电视也很少。（我）忙的都是圣经、祷告、看望、传福音这些事，做那家庭的事。有的（信徒）说是看电视不好，《圣经》上说看电视老浪费时间嘛。

徐：不好，是禁止叫看吗？

贺：叫看，我是不懂这，新闻说看看也可以。

徐：平时看哪个电视台的新闻啊？

贺：新闻不过是中央台，晚间七点半那个。人家有的会看的看，咱也不会看，主要是看预报天气。

徐：咱关不关心国际时政新闻啊？

贺：国际上发生了啥事了，就是看和《圣经》上的预言吻不吻合，最多关心的就是这。这看看新闻，看看这各国发生的事，这《圣经》上的话都应验了，那不是让人觉着神的话更进一步的进到人心里头了嘛，就不再贪恋、软弱。

徐：那咱国家的时政新闻关不关注啊？

贺：那不管吧，咱不关注这。咱就信好主，那些事不管啊。信
　　主叫好好听主的话，做好事，不做坏事，叫人的心里头诚
　　实、爱人、爱人如己嘛，都往好处去。

徐：政府各级领导干部咱都知道是谁吗？

贺：当权的那都在乎神，神说叫谁当叫谁当，咱不管。

徐：咱知道任命的是谁才对啊，咱国家现任的主席是谁啊你知
　　道吗？

贺：那不是习近平嘛。

徐：那总理是谁？

贺：额，李克强。

徐：贺姨你知道嘛。

贺：额，我大概知道点，有时候看那电视嘛，电视上不是说那
　　谁谁嘛，电视上说了那咱知道哦。

徐：那咱省里领导知道吗？

贺：嗯，咱不管那事。

徐：知道咱县里领导是谁吗？

贺：不知道，县长不知道，镇长也不知道。

徐：那村里呢？

贺：咱大队村长多年不换，（所以）都知道。咱不咋关心这些事，
　　也不咋找他（村长），能认识神，能信神，就行了，让远处
　　的人都让看到你的好。就像一首歌（灵歌）里唱的那样，
　　基督徒啊基督徒，我们的生活好像一本书，走出新道路，
　　活出新生命。

　　就总体特征而言，农村基督徒的政治心理呈现出内缩—超越的显著特征
（徐凯，2014）。结合访谈材料和田野调查发现，基督徒在政治认知上具有低
信息—低表达观点的特点，这一特点是由很高的对属灵生活的向往和很低的
认知上的实践结合在一起的。在访问时，当地基督徒对政治性事件表现得并
不十分热衷，不少信徒认为这不是他们该考虑的事情。他们对宗教信仰问题
颇为关注，但关系到政治事件，他们便认为基督徒关注的是属灵的世界，政
治是属世的事情，不会关注。这一方面是由于农村基督徒对我国政治系统、
法律政策甚少熟知，没有机会参与政治活动有一定的关系；另一方面，也与

由宗教教义引发的基督徒政治参与意愿不高相关。基督教强调的"出于神、依靠神、归于神"，使基督徒政治心理呈现出内缩—超越式的特点，即不仅表现为低信息—低表达，而且还表现为倾向于借助于祷告依靠超越现实的神圣力量——上帝来解决问题。

第七章　地方基督徒的社会认知

基于社会认知的理论构成（见本书第二章认知部分）和前期调查所搜集的材料，我们依从个体内认知（与神关联）、人际认知（与他人互动）、群体认知（不同信仰群体间）三个层次的内容考查 C 镇基督徒社会认知的现状。具体为：通过信心治病考察基督徒的个体内认知，通过爱心捐助考察基督徒的人际认知，通过游行传教考察基督徒的群体间认知。具体研究上，基于 C 镇基督徒与非基督徒共有的热点争议话题形成实验材料，分析其社会认知的共享性和特异性，以形成 C 镇基督徒社会认知的特征与机制。

第一节　个体内的社会认知

一、个体内认知的材料背景及认知结果

C 镇基督徒皈依的缘由及所做的见证，都反映出依靠宗教信仰治疗病痛是地方基督徒宗教日常实践活动的重要方面。基督徒和基督非徒都承认基督信仰在疾病治疗上的积极作用。但在信仰功能的大小方面，无论是非基督徒还是基督徒内部，意见并不统一。在非基督徒中，有认可基督信仰在治疗身心疾病上都有功效，也有只承认其在精神疾病上的效果，还有认为基督信仰仅是一种心理上的安慰和精神上的支持；在基督徒看来，依靠神治病毋庸置疑，其争议的焦点在于是否完全依靠信心治病。基于此，本研究编制材料一，考察基督信仰对地方基督徒在个体内社会认知上的影响。材料如下：

材料一：信心治病

　　很多基督徒由于患难（大多是身体疾病）而信主，不少的基督

徒在信主后病情都有所好转，但也有一些没有好转，最后患病去世。一些不信主的人就根据那些没有好转的事情，认为信主并不能改善病情。我家乡有一个非常虔诚的女基督徒，她丈夫在解手时不舒服，到县医院检查后说是脱肠，住院输个几天液就好了。但该基督徒说不需要，要依靠主，只要信心够病就会好。但子女们坚持让父亲去医院治疗。争执不下，该基督徒坚持己见，待了半年，她丈夫病情越来越重，最后转变癌症。在你看来，该如何处理依靠神和依靠医学的关系？你一般是怎么处理的？对此事，你怎么看待的？

材料一是对依靠信仰信心治病的态度，认知结果存在两种情况：理解与不理解。分析结果如下（表 7-1）：

表 7-1　信心治病中基督徒与非基督徒在认知结果上的人数分布(%)

认 知 结 果	信仰群体(n=42)	
	基督徒（n_1=21）	非基督徒（n_2=21）
不理解	76.2	71.4
理　解	23.8	28.6

从表 7-1 可以看出，多数基督徒和非基督徒都不主张仅依靠信仰来治病。

为控制混杂因素对结果的影响，考察基督信仰对地方基督徒个体内社会认知影响的显著性，本研究以处理方式上的态度（理解、不理解）为因变量，将无序二分类变量信仰群体（基督徒、非基督徒）、性别、以及信息量较高的连续性变量年龄、受教育时间为自变量，采取 Logistic 回归模型进行分析（选用 Enter 法，选入变量水准=0.05，剔出变量水准=0.10）。结果如下（表 7-2）：

表 7-2 信心治病的 Logistic 回归模型分析结果

影响因素	B	S.E	Waldχ^2	P	OR	OR 的 95% C.I.
信仰	0.03	0.89	0.00	0.98	1.03	0.18-5.89
性别	-0.34	1.04	0.10	0.75	0.71	0.09-5.53
年龄	0.00	0.04	0.00	0.96	1.00	0.93-1.07
受教育时间	0.02	0.13	0.02	0.88	1.02	0.79-1.32
常量	-0.70	3.74	0.04	0.85	0.49	—

分析显示，信仰因素在信仰对治病行为中的认知中并无统计意义，表明基督信仰并没有对地方基督徒的认知结果产生显著影响。

二、个体内认知中的因素

对基督徒和非基督徒的访谈内容进行分析、归类，其结果如下（见表 7-3、表 7-4、表 7-5）：

表 7-3 信心治病中基督徒的认知因素（n1=21）

属　　性	内容因素	访　谈　描　述	提及比例(%)（同一因素下）	（同一属性下）
基督信仰	信心大小	真正有信心的人就是不吃药，一祷告就好了，信心达不到的时候也会拖延病情	57.1	85.7
	主借药物	世间万物都是神所造的，药物、医生都是神设置的，神也要借助医生	57.1	
	致病原因	作恶犯罪，不听神的话，心不正，神就用疾病让你打心里悔改	23.8	
		魔鬼钻空子	19.0	
		身体自然疾病	4.8	
	诠释结果	但是从教内来说，寿命是上帝定的，命定你多长时间，你要是强求也行	14.3	
		世上受苦，去世就是神接走了	9.5	
治病途径	信仰的精神作用	祷告只是减少你的痛苦，早日恢复，但不能拒绝治疗	19.0	57.1
	身体疾病靠医学	信仰归信仰，肉体上的病还得听医生的	42.9	
	两依靠	应该一方面依靠神，一方面依靠药物，这样才能治好病	23.8	
		既想靠神，还想去住院，在这中间，啥也靠不住，吃大亏	9.5	
行为归因	个人领受	感觉吃药老丢神的人，靠神就可以把病治好	14.3	23.8
	讲道偏见	讲道讲偏了，说是不让吃药	19.0	
生命的重要	生命的重要	一旦没有了生命，什么都完了	14.3	14.3
信仰作用评价	信主的目的	信主并不是以治病为目的，是认罪悔改救灵魂，得永生	9.5	9.5

注：提及比例为提及人数除以总人数。在同一因素中，提及人不重复计算。在属性下，
若样本提及一个以上的内容因素，其属性提及频率时仅视为一次。故提及比例的
两列数据，属性提及比例不等于其组成的内容因素提及比例之和。以下同。

对治疗的途径，多数基督徒都主张要依据个人的信心程度来决定。他们
大都提到，保罗曾指出要凭着你的信心，觉得自己信心够，通过祷告和与圣
灵的交通，不吃药病也会好；而信心不够，觉得需要吃药病才好，那就吃药。
正如样本12所指出的，"人的信心大小不一样，你看有好些人（基督徒）说他
靠神，其实并没有真靠神，不是真信。神说：在信的人凡事都能，啥都能做。
要是真信，信心真是能达到这种地步，有病就不会吃药。"但她同时也指出，
"因为软弱的缘故，你得去就医"，"在今天社会中，大有信心的人也有，但很
少啊！所以说不能因着你的信心，没有那么大信心，硬撑着，误了性命，那
就不荣耀神了。好比感冒发烧，喝一点感冒药就好了，这个很自然的，并不
是啥犯罪"。基于此，基督徒们推衍出基督信仰并不反对药物等医学手段上的
治疗。在他们看来，世上万物都是神造的，如当地盛产的中药材柴胡、桔梗
等，所以药物和治疗手段亦是神创造的，医院也是神所设立的，它们作为帮
助世人治病的途径，神之所以这样创造和安排就是为了给人治病的。既然都
是神所创造的，那么基督徒们吃药也就无妨，不是犯罪。此外，还有一部分
基督徒提出生病的原因可以分为三类，一种是生理上的病，一种是魔鬼附着
的病，还有一种是犯了罪之后所受到的惩罚。而对于死亡的结果，不少基督
徒认可寿命主定的看法，活多少岁是神早就定好了，它们对死亡并不恐惧，
原因在于他们相信信主要是灵魂得以拯救，而不是肉体，所以死亡并不是一
件痛苦的事情，如果信仰地好提前步入天堂则是一件值得庆幸的事情。

在信仰对治疗的作用范围因素中，一些基督徒明确提出基督信仰在精神
疾病治疗上具有优势。在他们看来，精神疾病（"疯子病"）其实质是由不洁净
导致的。也有基督徒特别强调治病应该依靠医学，基督信仰是起到心理促进
的作用。如样本7提出，"作为基督徒说，必须要祷告，这是离不了的；此外，
吃药也是上帝所允许的，现在医学发达，医院手术也很先进，没必要延误病
情，你多少花一点钱，借着祷告，病就好了，减少了痛苦，也提高人的健康。"
相对于精神疾病，对生理疾病有更多的基督徒主张要依靠医学，他们的论述
大都基于神需要借助医生、药物来治病，"世间万物都是神所造的，借着药物
也是为人类所造的，不吃药只祷告也不合乎神的旨意。有些病可以去开刀，
祷告只是减少你的痛苦，早日恢复，但不能拒绝治疗"（样本1）。

对于是否能同时依靠药物和依靠神两种治疗的途径,地方基督徒的意见并不完全统一。一些极有信心的基督徒则基于自身的经历,认为"有信心,什么疾病都能脱去",这种既依靠神也吃药是对主没有信心,"想去住院,还想靠神,在这中间,啥也靠不住。靠神靠不住,他没信心,住院得不了(神的恩惠),神不负责任,在这中间还会得住大吃亏呢。他要真有信心,他就不去住院。要是说:'神叫我死,我就死,叫我活,我就活',就这一句话神就叫他得着了,通简单呢。嘴唇也得喊叫,心里也得信才中"(样本 21)。对于仅依靠信仰治病的单一途径,有不少基督徒更认同可以同时依靠两种途径治病,"既依靠神也吃药,病会好的快。我觉得这都是神的恩典,吃药、祷告都会让你好。即便你是听医生的治好病,也是神让你好的,你能做的只有感恩"。"咱信神是得永生的,我成天都想着(这回事),得病了,有的是撒旦作怪,有的是你自己有罪,你祷告祷告,神会赶走撒旦,赦免你的罪,你的病都会好。假如说你祷告祷告还不会好,就该想想是不是自己身体真的出了问题,就应该去医院检查检查了,你吃药都会让你好,神都会负责任的。咱一切都是靠着神,神说让药起作用,你病就会好。如果说神试炼你了,药不起作用,它还是不起作用"(样本 35)。样本 9 更是指出,只知道靠祷告来治病的做法是一种愚昧无知的做法。他说,《圣经》上没有明说要你靠祷告靠神,不要吃药,身体有病是吃药好的,"医院、医生说让你做手术,就要立马做手术。信主归信主,信仰归信仰,这方面你肉体上赶紧治,别耽误,就像他(材料一中的丈夫)那样,多不荣耀神。不但不荣耀神,还在神的脸上抹黑呢!你靠主,靠着靠着你的病治不成了,那是引导的不对。有吃药吃好的,也有祷告好的嘛,这是两方面"。

行为归因对治病途径出现分歧作出解释,从个人和宗教团体两个层面进行分析。他们认为,地方基督教在传教时过分注重信仰在治病上的效果,甚至于有的讲道人宣称信主就得靠主,靠主就会治病,用不着吃药,这种讲道的偏见使得一些基督徒在领受时出现偏差,认为靠药物治病是犯罪,是信心不够和"软弱"的表现。

尽管在地方基督徒看来,信主的目的在于灵魂的拯救和永生,而非治病上的神迹,但还是有基督徒明确指出今世生命的重要性,"你首先学会管好自己的身体,(如果)你连自己的身体都管不好,那你还能管点啥"(样本

36），"一旦没有了生命，什么都完了，那也是违背神的旨意的"（样本1）。

　　信仰作用评价是地方基督徒对皈依基督信仰目的的理解，在他们看来，如果信主单单是为了医治自己的疾病，那就是从私欲出发，是自私自利，神不会喜悦的，这样疾病也不一定就会得到医治。这种信仰的功利性可能使得基督教处于一种尴尬的境地：治不好是神的恩典，如果没有治好，就该抱怨神了（样本29）。所以，认清上帝是创造万物的神，信仰不是单一以神迹为企图的，而信主的目的并不在于治病而在于永生，认罪悔改救灵魂，那么就不存在这种尴尬境地。

　　对非基督徒的社会认知因素进行梳理，结果如下：

表 7-4　信心治病中非基督徒的认知因素（n2=21）

属　性	内容因素	访　谈　描　述	提及比例(%)（同一因素下）	(同一属性下)
治病途径	信仰的精神作用	信主是一个很好的精神支柱，它仅是心理上的作用	71.4	
	身体疾病靠医学	把病治好需要医生	61.9	85.7
	两依靠	必须是不仅依靠神还得依靠医学。不能只依靠神，像你说的光依靠神而放弃医学是很盲目的做法	23.8	
信仰作用评价	劝人向善	信主只是劝人不要违法，多做好事	19.0	19.0
生命的重要	生命的重要	他这是延误病情，该他不治	14.3	14.3
行为归因	个人原因	个性、思维偏差的问题	14.3	14.3
	讲道偏见	讲得跟迷信一样	4.8	
基督信仰	信心大小	作为基督徒来说，这就是心不诚，心诚就能得到神的恩典	4.8	9.5
	寿命事宜	信主信得那么虔诚，主都不能保护着他，让他长寿一点	4.8	

　　基于表7-3和表7-4，并进行关联得表7-5：

表7-5　信心治病中基督徒与非基督徒的认知因素对比表

	宗教信仰	相 关 社 会 观 念			
	基督信仰	治病途径	行为归因	生命重要	信仰作用评价
基督徒(%)	85.7	57.1	23.8	14.3	9.5
非基督徒(%)	9.5	85.7	14.3	14.3	19.0
χ^2	24.44	4.20	—	—	—
df	1	1	—	—	—
p	0.00	0.04	0.70	1.00	0.66

注：独立性检验是根据提及的人次进行。若单元格期望频率小于5，采用 Fisher 确切
　　概率法对其进行检验，无卡方值和自由度，只有 P 值。以下同。
　　*$p<0.05$，**$p<0.01$，***$p<0.001$。

　　基于表7-3、7-4、7-5，对基督徒与非基督徒在认知因素上的人数分布是否存在差异进行独立性检验，2（基督徒、非基督徒）×5（总认知因素）的检验结果显示，基督徒与非基督徒在总认知因素上的人数分布没有显著差异（Fisher 确切概率法，$p>0.05$）。相关源分析发现，在基督信仰因素中。基督徒与非基督徒的人数分布存在显著差异（χ^2=24.44，$p<0.001$），结合具体数据可知，基督徒在认知过程中会涉及到基督信仰因素，非基督徒在认知过程中尽管也涉及到，但并没有出现显著性差异。在相关社会观念认知因素中，基督徒与非基督徒的人数分布没有显著差异（Fisher 确切概率法，$p>0.05$）。

　　从具体内容看，在信仰治病中，个别非基督徒的认知过程居然涉及到基督信仰的因素，这与当地基督教以治病作为传教的方式有着密切的关联，以至于当地居民大都了解基督教对治病的作用。其中，提出信心大小对治病有作用的非基督徒，其配偶皆是基督徒，因此多次听闻并见证过此类事件。在这几个受访者看来，基督教在治病上具有一定的效用，最重要是不用花钱，从而在一定程度上印证了地方基督徒信仰的功利以及当地经济发展的有限。

　　在所有的认知因素中，非基督徒提及治病途径的频率最高。在他们看来，基督信仰虽然有助于生理疾病的治疗，但仅为精神方面的激励，打针吃药才是真正有效的手段，不应该因此只依靠信仰治病。如，样本3就认为，宗教信仰治病的现象不仅在基督教中存在，在佛教、道教中也都存在这种现象，但这种心理作用根本不能治疗生理上的疾病。他说，信仰"只是对他心理上有个安慰作用，思想上好了，对他这病相对来说也有好处，内部器官都正常运

行，也起到一定作用。但说能把治病治好，那是绝对不会的。如果说信仰能把病治好，那都不需要医生了，不需要医学了，病该怎么治还必须得怎么治。如果光靠这治病，那都成傻子了"。另一些非基督徒认同宗教信仰在治病上的精神作用，他们据此主张，治病"必须是不仅依靠神还得依靠医学，不能只依靠神，像你说的光依靠神而放弃医学是很盲目的做法"（样本 24）。从提及频率看，非基督徒提及治病途径的次数远多于基督徒，且其人数分布的差异具有统计意义（$\chi^2 = 4.20$, $p < 0.05$）。在地方基督徒看来，一切依靠神，通过祷告是治病的必要条件，但并不是充分的条件，即便是强烈主张神在治病上有大能的基督徒也认为，医学和药物在生理疾病上的效用。尽管有基督徒对此作出自己的诠释，认为依靠药物也是神的安排，但出于维护自己的宗教信仰，他们很少明确把宗教信仰在治病上的作用范围定在心理层面上，故而使得非基督徒和基督徒在这一因素上的人数分布出现显著差异。

在生命的重要性上，非基督徒的认知内容和提及频率与基督徒一致。在行为归因上，非基督徒尽管也从个人和宗教团体两个层面进行解释，但相比较基督徒是从维护自己宗教信仰的目的出发，非基督徒更多地是从批评的眼光来看待。如样本 27 提出，治病单靠信主是思维出现偏差所导致的，正常人是不应该这么做的。正常人有病要就医，如果不吃药，光等主救他，就是迷信的做法。他认为，"信主是一方面，但是也不能死扳着这。求医和信主是两码事，该信主信主，该求医求医，不能吊死到一颗树上。不能在这求生，也许能在那上头求生。本来是能治好的病，结果给耽误了。如果是祷告着效果不错的话，也可以不吃药；但如果祷告不行的话，是必须要吃药的"。与此类同，在对信仰的作用认知时，不同于基督徒认为信主的目的在于永生，非基督徒更多是出于基督教在社会中产生的实际影响，认为基督信仰可以劝人向善。

总的来说，在治病这一问题上，非基督徒更多是从信赖医学这一单一的应对方式入手；与此相对，基督徒虽然明确提出依靠两种途径的人数并不多，但具体认知过程中更多隐含于宗教信仰这一认知因素中，因此基督徒更多呈现双重应对方式。对地方基督徒而言，他们的治病认知中也依从结果论，即不管黑猫白猫，只要最终结果好就行，基督信仰在其认知过程中的作用多为一种解释的框架而已。

第二节 人际社会认知

一、人际认知的材料背景及认知结果

爱是基督徒宗教生活的一个中心议题,教会在讲道时常常提及"爱人如己"、"爱你们的仇敌,为那逼迫你们的祷告";每个基督徒的日常祷告中,都会涉及对他人的爱,如爱国家、爱家庭、爱配偶,爱肢体,甚至爱仇敌;世俗生活中,大多数基督徒在宗教信仰的影响下有较多的利他行为。即便是非基督,也大都承认"信主是让人学好",善良、有爱心。但与此相对的是,地方基督徒在其神圣与世俗二元实践活动中都存有功利性,突出表现在对教会的奉献上,在非基督徒以及两类教会基督徒之间的相关评价中也有所体现。那么,基督信仰所宣传的爱,对基督徒认知的影响到时如何?基于此,编制材料二,以考察基督信仰对地方基督徒在人际社会认知上的影响。材料如下:

材料二:爱心捐助

村里要修路,但政府财政有困难,需要村民自己负担一部分。村民考虑到出行和经济等因素,都愿意出这个钱。其中,有个别家庭非常贫困,平日靠吃低保度日,根本没有能力交这个钱。如果你是这个村的村民,你愿意替他们分担一些吗?为什么?

材料二关于在爱心捐助中所持的态度,认知结果存在两种情况:愿意捐助与不愿意捐助。分析结果如下(表7-6):

表7-6 爱心捐助中基督徒与非基督徒在认知结果上的人数分布(%)

认 知 结 果	信仰群体(n=42)	
	基督徒(n_1=21)	非基督徒(n_2=21)
不愿意捐助	23.8	42.9
愿意捐助	76.2	57.1

从表7-6可以看出,基督徒(76.2%)多主张愿意捐助困难家庭,而非基督徒在这一问题上呈现对峙情形。

以爱心捐助上的态度为因变量,将信仰群体(基督徒、非基督徒)、性别、年龄、受教育时间为自变量,采取Logistic回归模型分析对影响社会认知的因素进行分析(选用Enter法,选入变量水准=0.05,剔出变量水准=0.10)。结果如下(表7-7):

表 7-7 爱心捐助的 Logistic 回归模型分析结果

影响因素	B	S.E	Waldχ^2	P	OR	OR 的 95% C.I.
信仰	-1.07	0.91	1.37	0.24	0.34	0.06-2.05
性别	-0.25	1.08	0.05	0.82	0.78	0.09-6.44
年龄	0.02	0.04	0.36	0.55	1.02	0.95-1.09
受教育时间	-0.03	0.12	0.06	0.81	0.97	0.76-1.24
常量	1.74	3.85	0.21	0.65	5.72	—

分析显示，信仰因素在爱心捐助认知中并无统计意义，表明基督信仰并没有对地方基督徒在爱心奉献上的认知结果产生显著影响。

二、人际认知中的因素

对基督徒和非基督徒的访谈内容进行分析、归类，其结果如下（见表 7-8、表 7-9、表 7-10）：

表 7-8 爱心捐助中基督徒的认知因素（n1=21）

属　　性	内容因素	访　谈　描　述	提及比例(%)(同一因素下)	(同一属性下)
他人承担	政府负责	实在是掏不起了，让村干部到上级政府再申请	33.3	33.3
	富人承担	号召富人捐助，有些一万块钱在人家手里也算不得什么	9.5	
个人承担	以工代资	有能力的或者让他多干点活，这样应该也可以的。	19.0	23.8
	平均主义	这有他切身利益，大家都交，他不交也说不过去	14.3	
	负担得起	感觉都能拿出来	9.5	
共同承担	村里解决	村里搞一些筹备资金，卖一些地，收一些外地来下户的户口	14.3	23.8
	依据收入	根据收入情况，有了多出，没有少出，力所能及，自愿	14.3	
基督信仰	奉献	信主的人积极交钱，即使不是那村也可以献一份爱心	9.5	23.8
	荣耀神	咱掏的钱神给咱纪念着，不是给人看的	14.3	

觉悟	良心	看个人的良心和思想觉悟	9.5	19.0
	后代	为子孙后代考虑	9.5	
推脱	不参与	不参与	4.8	19.0
	修多少是多少	钱不够，修多少是多少	4.8	
	收入有限	农民收入有限	4.8	
	无此事	不存在这个事	4.8	

从具体内容来看，他人承担认知因素是不愿意自己出钱捐助，但同时又希望路能修好，寄希望于政府和比较富裕的人来出这部分钱。其中，主张政府承担责任的受访者占多数。他们多是以不用农民出钱修路的事例作为类比，认为这些地方不摊派就修好村村通，一些富裕的县做到了"组组通"[1]，更是基督徒受访者提到临近 LC 县做到了"户户通"（样本 38），据此他们认为政府应该更多地承担自己的责任。

个人承担因素是基于平均主义的考虑，认为修的路大家都要走，困难家庭也会从中收益，有他切身利益，人人都有一份，你不叫他掏确实也说不过去（样本 1）。在应对的方法中，有一部分人主张以出劳力替代捐款，还有受访者认为现在都出得起这个钱，如样本 9 就指出，"要是说现在可怜、现在苦是不假，但比着文化大革命时，六六年前后的时候，现在最穷的人比着那时候都强，比那时都富"。

在共同承担因素中，依据收入是根据村民收入的情况，负责一部分；村里负责则是出自平均主义的考虑，认为从村中共有的款项中拨出一部分来扶持困难家庭，这样既做到公平，人人都有份，又避免了募集款项的麻烦。

在基督信仰因素中，提及爱与奉献的基督徒受访者并不多，在一定程度上说明了地方基督徒信仰的功利性。同时，即便有个别基督徒提及爱心捐助可以作为一件荣耀神的事情，在某种程度上能够传播福音，但其出发点却是出于自身利益的考量，将爱心捐助作为谋求神奖励的一种手段。如样本 34 就明确表明，"作为平常人，咱就不掏；但作为信徒，感谢神，咱掏的钱神给咱记着哩，不是给人看的，因为世上的金银都是耶和华上帝给的，他愿恩待谁恩待谁，他觉得你这人配得，只管往你的怀里倒，如果你把钱财都用到反面，神也许就会断送你的财源，让你穷，不让你富，干啥啥不行。就像姜子牙卖

1　"组"指的是由相邻村民构成的一个位于村之下的农民自助团体。

面，大风一起，什么都没了，这就是天意。一切都在于神，神让你兴得时候，很顺"。

推脱因素是一些基督徒从客观方面寻找的原因。这主要是奉献爱心作为荣神益人的重要组成部分，在当地基督教的活动和宣传中有着重要的地位，如果直接给与回绝与自己的宗教信仰相违背，这种情况迫使他们寻找借口，从而避免由此来的心理压力。

觉悟因素主要有良心和为后代的考虑，其出发点出自自身利益的考虑。即便是良心因素，也是出于修路后自身的收益而非宗教信仰所带来的影响。

对非基督徒的社会认知因素进行梳理，结果如下：

表 7-9 爱心捐助中非基督徒的认知因素（n2=21）

属　　性	内容因素	访　谈　描　述	提及比例(%) (同一因素下)	(同一属性下)
他人承担	政府负责	政府应该负责出这部分钱	42.9	57.1
	富人捐助	让村里有钱的就多拿出点 让富人或企业多拿点	14.3	
共同承担	村里解决	从村里的专项款中拿出一部分，要扣大家都亏	19.0	38.1
	依据收入	根据摊派的多少而定，力所能及的拿	14.3	
	动员	村里做工作，把修路的必要性和实际资金短缺的矛盾给村民讲清楚	14.3	
个人承担	以工代资	困难家庭可以出点劳力，做工以抵资	28.6	33.3
	负担得起	一般都交得起	4.8	
觉悟	名声	你不出钱，人家咋说咱	4.8	23.8
	后代	子孙后代考虑	9.5	
	献爱心	可以出一部分，献爱心	9.5	
推脱	不参与	这个不好说，至于怎么解决，一时也想不出	4.8	14.3
	收入有限	农民收入有限	4.8	
	讲自愿	不强求，讲自愿	4.8	
	修多少是多少	拨的钱不够，修多少是多少	4.8	

基于表 7-8 和表 7-9，并进行关联得表 7-10：

表 7-10 爱心捐助中基督徒与非基督徒的认知因素对比表

	宗教信仰	相 关 社 会 观 念				
	基督信仰	他人承担	个人承担	共同承担	觉 悟	推 脱
基督徒(%)	23.8	33.3	23.8	23.8	19.0	19.0
非基督徒(%)	0	57.1	33.3	38.1	23.8	14.3
χ^2	—	2.40	0.47	1.00	—	—
df	—	1	1	1	—	—
p	0.05	0.12	0.50	0.32	1.00	1.00

基于表 7-8、7-9、7-10，采用 χ^2 检验或 Fisher 精确概率检验，对基督徒与非基督徒在总认知因素、基督信仰因素、社会观念认知因素上的分布进行独立性检验。2（基督徒、非基督徒）×7（总认知因素）的检验结果显示，不同信仰群体与总认知因素不存在关联（Fisher 确切概率法，$p > 0.05$），表明基督徒与非基督徒在总认知因素上的人数分布没有显著差异。相关源分析发现，在基督信仰因素中，基督徒与非基督徒在人数分布上存在显著差异（Fisher 确切概率法，p=0.05），结合具体数据可知，基督徒在爱心捐助认知过程中会涉及到基督信仰因素，而非基督徒在认知过程中则不涉及；但在相关社会观念认知因素中，基督徒与非基督徒的人数分布没有显著差异（Fisher 确切概率法，$p > 0.05$）。

在具体内容上，在他人承担因素中，基督徒和非基督徒一样，提及的频率比其他因素要多。此外，他们在具体的举措上也大多主张政府应该承担相应的责任。这种情况尤其体现在样本 18 上，他以城乡间的不同作为对比来说明农民的不公待遇，"就像城市里任何一段路都没让老百姓出过一分钱，而农村修个路还要农民出钱出力，这说明对国内的所有农民不公平"。

在个人承担因素中，基督徒除了和非基督徒一样主张以劳动来替代捐款以及认为现在的捐款再困难的家庭也负担得起外，他们还特别强调了平均主义的想法，要求绝对的一致，"不管有多么困难的也要平均摊派"，"家庭再困难也有义务出这个钱"，"要交大家都要交"。这在某种程度上，说明了基督教在社会公义上的重视程度[2]。

---

2 《世俗中的上帝》（[德]莫尔特曼）：前言中所引用汉斯.麦尔（Hans Mayer）的故事。"当现代社会诞生时，有三位善良的神仙带来了他们的祝福。第一位祝福这个小孩个体主义的自由，第二位祝福社会主义，第三位祝福富裕。可是有一天晚

在共同承担因素中，村里解决和依据自己收入酌量捐助是基督徒和非基督徒所共有的，除此，还有非基督徒认为村里干部应该宣传、动员村民，如样本 32 就提出，这时候，"领导人就要做出点工作，有人是真正拿不起钱，你可以让富人或企业多拿点，因为只要是需要很多人还是愿意献出爱心的，这就考验你领导人的能力了。"之所以基督徒的认知没有涉及政府的义务，与当地政府对基督教的管理以及地方基督徒有所顾忌有关。

在觉悟因素中，名声和为后代考虑是基督徒和非基督徒所共有的，而献爱心是非基督徒所特有的。需要注意的是，名声和为后代都是基于自身收益的考虑才表示愿意积极捐助，这在非基督徒认知过程中体现在献爱心因素上，而在基督徒认知过程中则包括基督信仰中的奉献和荣耀神的认知因素。这表明，基督信仰为爱心奉献提供一个宗教信仰意义上的解释，并没有对地方基督徒在捐助活动上产生显著影响。

总的来说，材料二涉及人们对贫困家庭援助的爱心和力度。对基督徒来说，爱心与奉献是荣神益人的事功，作为宣传福音的重要途径，它在宗教活动和日常生活中被反复提及。奉献爱心是一个基督徒应有的外在行为表现，无论他们信仰的坚定程度（即信心）如何，都为他们所接受认可，甚至作为他们倍感自豪的一个事情。样本 34 就举例说，乡里培训党员时说"党员要怎么做好事，可是我们基督徒做的比党员做的好得太多了"。"党员还搞些形式，可是咱信主的人比他们做的更好，比如有人没饭吃了，咱还会悄悄的给人家十块钱让人家去吃饭，可是党员是不会的，不过也不说全不会，但百分之八十的人不会。"但数据分析的结果显示，地方基督徒却并没有显示出比非基督徒更为显著的捐助意向和利他行为，他们的认知过程更多的也是基于自身利益的考虑。

此外，一些社会的观念对地方基督徒影响与非基督徒一致，比对名声和后代的重视等。在具体的内容因素，非基督徒则更倾向于实际的解决方法，而基督徒则强调社会的公平与正义。

上来了一位邪恶的神仙，他说：'这三个祝福之中只有两个可以实现。'因此，西方现代社会选择了个体主义的自由和富裕，东方的现代社会选择了社会主义和富裕。然而，哲学家和神学家——我如此补充——为他们的理想社会选择了个体主义的自由和社会主义，因此永远无法达到富裕的境界。"在这里引用意在基督教在社会公义和公平上的反思与重视程度。

第三节 群体间的社会认知

一、群体间认知的材料背景及认知结果

传教不仅被基督徒视为自己的天然义务，而且还可以作为增强灵命的重要途径。早年一些地方基督徒为取得传教的最大化效果，在具体做法上有时过于激化，违背了当地习俗和传统观念。在高处 H 村，有父子两个都是基督徒，父亲去世时身体是软的，儿子为了让村里不信主的人知道这一神迹，达到传播福音的目的，就把父亲用绳子绑在椅子上在村子里进行游行。此类事情在其他处也曾发生，在非基督徒和基督徒中都引起广泛争议。基于此，本研究编制材料三，以考察基督信仰对地方基督徒在群体间社会认知上的影响。材料如下：

材料三：游行传教

> 在一个村，有父子两个都信主，父亲去世后身体是软的。儿子为了让村里其他的人都得到见证，就把父亲用绳子绑在椅子上，在村中游行。但他一个不信主的叔伯却说，依据老规矩，人死为大，这种做法实为不肖子孙。你觉得这个儿子的做法是否真的传了福音，荣耀神？他的做法是否妥当，你是怎么看待的？

材料三是对违背地方习俗的传教活动所持态度，认知结果存在两种情况：理解与不理解。结果如下（表 7-11）：

表 7-11 游行传教中基督徒与非基督徒在认知结果上的人数分布(%)

认 知 结 果	信仰群体(n=42)	
	基督徒（n_1=21）	非基督徒（n_2=21）
不理解	61.9	66.7
理 解	38.1	33.3

从表 7-11 可以看出，基督徒和非基督徒多数都对游行持反对态度，相对于基督徒多处于传教效果的考虑，而非基督徒则多出自违背传统习俗和伦理道德的考量。

以是否理解游行传教为因变量，以信仰群体、性别、年龄、受教育时间和信主时间为自变量，采用 Logistic 回归模型进行检验（选用 Enter 法，选入变量水准=0.05，剔出变量水准=0.10）。结果如下（表 7-12）：

表 7-12　游行传教的 Logistic 回归模型分析结果

影响因素	B	S.E	Waldχ^2	P	OR	OR 的 95% C.I.
信仰	-0.76	0.86	0.79	0.38	0.47	0.09-2.51
性别	-0.74	0.95	0.61	0.44	0.48	0.06-3.06
年龄	0.03	0.04	0.67	0.41	1.03	0.96-1.11
受教育时间	0.00	0.13	0.00	0.98	1.00	0.78-1.28
常量	-0.15	3.43	0.00	0.97	0.86	—

　　分析显示，信仰因素在信仰对治病行为中的认知中并无统计意义，表明基督信仰并没有对地方基督徒在认知结果上产生显著影响。

二、群体间认知中的因素

　　对基督徒和非基督徒的访谈内容进行分析、归类，其结果如下（见表 7-13、表 7-14、表 7-15）：

表 7-13　游行传教中基督徒的认知因素（n1=21）

属　性	内容因素	访　谈　描　述	提及比例(%)(同一因素下)	(同一属性下)
行为评价	不孝顺	人死为大，这样做让老人不得安定，是不孝顺的	42.9	71.4
	不吉利	不信的人会认为这样做不吉利，带来不幸	23.8	
	改善做法	把道理讲给人，让人心服口服。	28.6	
	原因诠释	当时人的信心好，只是没有《圣经》知识，想当然地做	9.5	
出发点	传福音	出发点是好的，传福音，是荣耀神的，见证神的	52.4	52.4
标志事宜	标志判断	死后身体不发硬，表示是信基督的标志	14.3	47.6
		《圣经》中没有明确指明，只是说是睡着了	19.0	
		不是得救的记号，因信得永生	9.5	
	身体发软的必要条件	祷告后身体才会发软	9.5	
效果	二分效果	要信的人看见得住了会信，那不信的人看来了还是不信	42.9	42.9

基督徒信仰对基督徒认知的影响主要体现在标志事宜上。在田野调查中发现，地方基督徒大多数认为，只要诚心信上帝，死后就能上天堂，标志就是去世后身体仍然很软，不同于不信主的人去世后身体僵硬。在访谈中，如果对此观点有所质疑的就会明确提出自己的看法，因而尽管只有14.3%的基督徒在认知过程中提及，但实际情况是：除了质疑的9.5%和不确定的19%基督徒外，剩余的71.4%基督徒中，只有14.3%的基督徒提及，而其余的51.7%尽管没有提及，但结合调查，他们的态度应该为默认，由于这部分人在认知过程中并没有相关因素的参与，所以在提及频率中不计算在内。

19%的基督徒认为，按《圣经》上说，信主的人死不叫死了，而是叫睡了，并没说是身体发软神就是拣选你了，只是得救的人从面容上看是睡着的，虽然他离世了，但脸色面目各方面都如同活着的时候一样。而明确对死后身体变软是灵魂得以拯救这一观点表示质疑的仅有两名基督徒，他们的看法是基于自己生活中经历的反例。如，样本11就说，她知道的一个不信主的人死后身上是软的，所以她认为身体软不软并不是得救的凭据。样本12也说，不信的人去世也有身体可软的，因而这种观点"不完全正确"。在他看来，"得救不是以你身体的软硬看这个事情的，而是看你生前是不是真心信耶稣，就是在人离世的那一刻，他是不是还依靠神。他真正依靠神，他灵魂得救，纵然身体硬，也能得救"。此外，还有个别基督徒补充说明祷告是身体变软的一个必要条件，在他们看来，真信主的人死后身体硬了，肢体们去给他祷告就会复原，这是神荣耀他的名。

多数基督徒都认为通过游行来宣传福音的出发点是好的，是荣耀神的，但在做法上并不妥当。在行为评价因素中，出于传统风俗和观念的考虑，有受访基督徒就认为"人死为大"，将父亲游行是不孝顺的表现，如样本34就明确提出，"长辈已经去世了，你再这样折腾他，把他当做木偶一样让别人看，别人也会觉得咱信主人怎么了，作为基督徒来说，也应该遵守孝道"。更有受访基督提出，游行时通过别人家的门口会被不信主的村民认为是不吉利的，更难开展福音的传播。基于此，当地多数基督徒都认为应该尊重传统风俗，如样本35就说，"本来咱基督徒做的有些事人家外邦人就是看不惯，咱做的有些事，不合乎人家的口味、不合乎人家的心，人家就看不惯"。"传福音只要做个见证就好，不必要非得叫大家都看见。在信徒们看来是正常，但不信的人却认为很不正常的"。进而，有基督徒特别强调传福音要注意方式，应该把道理讲清楚，做一些荣神益人的事情。"他的心是好的，爱主是很爱主的，但是他这样做不是很恰当，你的为人处事放到社会上就会成为别人的笑柄。爱主需要真心实意，做些实实在在的事，我们不是顾忌外邦人的想法，而是你做事需要合乎神的心意，你按神的心意去做别人都能得益处的事，叫别人得益处"。此外，还有个别基督徒基于自己的了了解，认为早些年出现这种行为是有原因的：那时候基督徒多数都没有《圣经》知识，自己想着怎么样就是怎么样。就像当时人去世不让哭，就是人想着信主是上天堂了，不用哭。但是这不合乎人情，现在都不那样做了，可以哭，但是不烧香，不下跪，就是只向上帝跪拜（样本29）。

对于通过这种传教方式的结果，绝大多数基督徒都认为并不好。人死后身体发软是神迹，但抬着尸体让别人看，对于基督徒们还好说，不信的人也许就会更加不信了。样本39就认为，"该信的人他不看也会信，不信的人你就是让他看他还是不信，他还会说一些其他的理由说明为什么人死了尸体不会僵硬"。

对非基督徒的社会认知因素进行梳理，结果如下

表7-14 游行传教中非基督徒的认知因素（n2=21）

属 性	内容因素	访 谈 描 述	提及比例(%)（同一因素下）	（同一属性下）
行为评价	不孝顺	这样做违背民俗，对老人不孝顺	52.4	66.7
	不吉利	怕死者的灵魂会跑到他家里去，给他带来不幸	38.1	
	不干涉	不干涉，这是人家的信仰	14.3	
	改善做法	需要采取更好的传福音的办法，在当地习俗允许的范围内	33.3	
		做任何事情都要适可而止		
出发点	传福音	他这么做的目的就是扩大宣传，影响不信的人，让他们信教	61.9	61.9
效果	二分效果	虽然说是为了神传福音，基督基督徒感觉无所谓，但是不信的人还是会很抵触	33.3	33.3
标志事宜	标志判断	身体软是心理不恐惧造成的	4.8	23.8
		应该结合生理学的知识接受为何身体会变软	4.8	
		人死后身体变软绝不可能，这违反科学	9.5	
	出现范围	身体软并非基督教所独有的，一些佛教高僧也坐化而身体不会僵硬的	4.8	

基于表 7-13 和表 7-14，并进行关联得表 7-15：

表 7-15　游行传教中基督徒与非基督徒的认知因素对比表

	信　仰	相关社会观念		
	标志事宜	行为评价	出发点	效　果
基督徒(%)	47.6	71.4	52.4	42.9
非基督徒(%)	23.8	66.7	61.9	33.3
χ^2	9.55	0.89	0.87	0.40
df	1	1	1	1
p	0.00	0.35	0.35	0.53

基于表 7-13、表 7-14，表 7-15，对基督徒与非基督徒在认知因素上的人数分布是否存在差异进行独立性检验，2（基督徒、非基督徒）×5（总认知因素）的检验结果显示，基督徒与非基督徒在总认知因素上在人数分布有显著差异（χ^2=5.60，p＞0.05），相关源分析发现，在有关信仰的标志事宜因素中，基督徒与非基督徒的人数分布存在显著差异（χ^2=9.55，p＜0.01），结合具体数据可知，基督徒在认知过程中多会涉及到基督信仰因素，而非基督徒在认知过程中则涉及自己的相关信念；但在相关社会观念认知因素中，基督徒与非基督徒的人数分布没有显著差异（χ^2=0.75，p＞0.05）。

从具体内容看，非基督徒在标志事宜中也是出于自己信仰的考虑而给出自己的看法，这里面可以分为两类：类型一，对去世后身体发软的现象进行解释，这主要是从科学的角度进行；类型二，对这种现象的出现范围进行重新划定，认为其他宗教信仰也存在此类现象。类型一主要包括三种情形，一是有从心理的角度进行解释，如样本 22 认为，一般人临死就很害怕，所以身体痉挛发硬，而信主的人则心理不恐惧，故而身体不痉挛，身体发软；二是主张从生理学的角度进行理解，如样本 5 就认为"应该结合生理学去解释，生理学很深，有很多东西也会让人觉得不可思议"；三是，有个别受访者从自我理解的科学角度来说明去世后身体发软根本没法得到解释，所以他们不相信此类事情的存在。需要注意的是，在标志判断上做出解释的非基督徒相比较而言都受到高中程度的教育，其中，多数为当地退休的中小学教师。而类型二中，认为身体发软在其他宗教也存在的受访者是"烧香的"。在标志事宜这一认知因素中，基督徒多从基督教的信仰出发给出解释，而给出其他解释的非基督徒则有着不同于基督徒的信仰，这种信仰既包括其他的宗教信仰，也包括对科学的信仰。

在行为评价因素中，非基督徒和基督徒一样，都提及不孝顺、不吉利和改善做法，但两者也有不同之处：基督徒多出于原因诠释因素，而非基督徒则多出于不干涉因素；他们在如何改善做法上也存在差异。不干涉是部分非基督徒持"事不关己高高挂起"态度（样本17），认为基督徒根据自己的宗教信仰，有自己的做法，可以理解（样本13、17）。在改善做法内容因素中，非基督徒的观点和基督徒一样，认为传教方式要符合当地的习俗，据此认为游行传教的做法违背民俗和人之常情，没有尊重其他不信主人的想法；除此之外，非基督徒认为游行传教的做法过于偏激，进而提出过犹不及的思想。特别是样本32更是明确提出，"做任何事情都要适可而止，传福音也一样，无论什么办法，首先要尊重别人"，"永远记住一点：我就是我，我不能去代替别人，我不能去主宰别人，不是你想怎么样我也得跟着怎么样"，"作为基督徒来说，你做什么事情也必须考虑大家的想法才行。即便是出发点再好，你的方法有点难以接受也不行"。这在一定程度上说明了地方习俗对基督徒和非基督徒有着深远影响外，还显示出当地居民在日常生活中行为比较认可"中庸"的做法。

在出发点因素中，非基督徒和基督徒的看法基本相同，认为尽管游行的出发点是为了更好地传播福音，但在具体内容层面上，基督徒基于传福音的必要性，而非基督徒则偏重于其行为的动机。在效果因素上，非基督徒和基督徒一样，都认为游行传教并不能有效达到目的。

总的来说，无论是非基督徒，还是基督徒，都认识到遵守当地风俗的重要性。需要注意的是，基督徒主张遵守习俗的出发点并不是为了更好地传福音，他们和非基督徒一样，多出于社会压力和传统观念的考量。

第四节 讨 论

结合田野调查和访谈材料，下面分别讨论基督信仰对基督徒社会认知影响的结果，以及地方基督徒社会认知的机制与特点。

一、信仰对社会认知的影响结果

综合上述分析，基督徒与非基督徒在社会认知上的差异并不显著，表明基督信仰对基督徒社会认知的影响有限。但结合具体材料可知，在三个材料的具体认知过程中，基督徒和非基督徒存在不同，显示基督信仰对基督徒社会认知作用有差别。

造成这种结果的原因主要是由地方基督徒信仰的功利性所导致的。材料一中，基督徒除了通过依靠神来治病外，同时也主张要依靠医学手段，从而出现双重应对方式，宗教信仰在其中起到提供一个解释框架的作用；在材料二中，基督徒和非基督徒一样，大都依据自身的利益并不愿意捐款；在材料三中，尽管在地方基督徒看来，传福音是他们肩负的一项神圣职责，但在具体论述的过程中，他们更多是将其作为日后在天国谋求恩典的重要凭证，故而只追求是否做了传教的行为，并没有太多顾及传教的效果如何，如样本 37 就说，传福音撒种子是咱基督徒的事，但他最终信不信不是咱的事，是神的事。这导致基督徒和非基督徒一样，出于社会压力和心理惯习的考虑，认为传教需要符合当地习俗和传统观念。

二、基督徒社会认知的双重观念框架

材料一、二、三分析显示，基督徒的社会认知受到宗教信仰和社会文化观念的双重影响：在材料一中，宗教信仰因素有信心大小、寿命事宜，相关社会文化观念有治病途径、行为归因、生命的重要、信仰作用评价，在材料二中，宗教信仰因素有奉献、荣耀神，相关社会文化观念有他人承担、个人承担、共同承担、觉悟、推脱；在材料三中，宗教信仰因素体现在标志事宜上，相关社会文化观念有行为评价、出发点、效果。特别需要注意的是，基督徒认知过程中的相关社会文化观念因素与非基督徒认知的结构和构成比例相同，这充分显示出民众共同心理认知结构的存在。另外需要注意的是，非基督徒的认知过程中也包含有基督信仰的因素。材料一中，非基督徒的认知因素也涉及到基督信仰的成分，这一方面与当地居民认为基督徒基本都是患病才信有关，另一方面是相关受访者的亲属为基督徒，对此类事件较为熟悉。但对提及宗教信仰的非基督徒而言，基督信仰并没有参与其认知的决策和判断中，而只是对材料中的事例做一反馈。材料三中，非基督徒对标志事宜的认知也基于自己的"信仰"，但不同于基督教的信仰，他们是基于科学和其他宗教而做出自己的判断。

双重观念框架对基督徒社会认知的影响，取决于材料中所涉及的自身利益。材料一中，出于生命安全的考虑，和非基督徒一样，基督徒大都主张依靠医学手段；材料二中，基督徒出于自身物质利益的考虑而和非基督徒一样，很少愿意捐款；材料三中，迫于社会和心理的压力，基督徒表现出和非基督徒一样，认为传教的活动应该适应当地的习俗和观念。另外，基于自身利益的考量，基督徒在不同情形下，有着不同的应对方式。从基督徒处理问题的方式来看，总的来说，呈现出双重依赖的应对方式，即一方面通过祷告依靠神这种精神超越式的方式来解决，另一方面又呈现出与非基督徒一样的社会现实应对举措，而决定其偏重于何种应对方式的关键在于基督徒的意义评估。

意义是人的心理活动的本质和核心，它是个体具有我向性的意向事物的符号含义及体验状态，为个体的理性工具和价值情感心理系统所决定。从根本上看，人的全部心理可以在理性工具与情感精神两个维度上考察，且这两个维度的互动关系决定着人的行为（景怀斌, 2011: 49）。材料一中，基督徒的认知活动既受到自己宗教信仰这一维度的影响，同时也受到理性工具维度的影响，从而使基督徒在应对举措中呈现出非常明显的双重依靠应对；而在材料二中，基督徒和非基督徒一样，都基于理性工具的维度考量，从而大多表现出不愿捐款的取向；材料三由于不涉及物质利益，故而理性工具维度的影响十分有限，而主要受到情感精神维度的影响，但这一维度不同于材料一所表现出的是基督信仰，而更多的是传统习俗上的社会观念。这种情况尤其表现在样本21所说的当地刚发生的真实事件中，她说，2010年岗上有个姊妹患病去世，按信主的办理葬礼。第二天清晨肢体们抬着从一个信主的老太家门口过。老太认为死人从门口过不吉利，便挡住不让通过。于是样本21上前说："老姐啊，咱是一家人啊，咱信的都是一位神"。但那个老太太还是不同意。最后没办法，样本21说，她上前一把拉住老太，让肢体们赶紧从那里抬着过去。

三、例证的论述方式

基督徒和非基督徒一样，在社会认知中大多举例论证，特别是与自我的经历有关。具体例证举例如下：

在材料一中，基督徒用类似的当地事件来加以说明自己的主张，多为自己的经历，如样本35说，"我刚信的时候，自己还是很软弱，有病的时候，也是不吃药，感觉吃药老丢神的人，你是主的儿女，信主的话主会把你所有的病都治好。刚开始的时候就是不吃药，光祷告祷告也真是会好，可是后来家人看自己生病就逼迫自己吃药，吃药也会好。后来就是一有病就光知道去吃药，忘了依靠神，吃药神也负责任，一吃药就好。后来就是我听过一个见证，有一个人她以前也是信主的，后来软弱了，不信了。后来得了癌症，是胃癌，已经是晚期了，医生都说没救了，没办法了，就只能向神祷告。求神再给她三年时间。然后去医院做手术，打开以后结果发现瘤子从恶性变成良性了，对生命没一点事，而且手术也很成功。医生都感觉很奇怪，看看以前的化验单，的确是癌症晚期。她做这个见证就是说这都是神的恩典，她还能为神活着。以前咱这里讲道都是不让吃药的，现在不这样说了。有些时候我站在我的角度上想，这医院也是神设立的，他们也高举十字架，十字架是救人的，虽然不信的人不能得永生，但是神是仁慈的，不希望看世人痛苦，所以设立了医院。我们这以前有个小孩，得了急病，家人就一直为他祷告，最后送到医院没有救过来。医生就说你们送来的太晚了，要不就能救活。所以说你信主不能太过极端，太死板，不能完全想着神会亲自救你，神通过医生、药等等各种途径都能救你。你依靠神，还需要靠人，是神借助人来解除你的患难。像我刚才给你说的那个见证，人家觉得是神给她预备的那个医生，虽然说是医生把她的病治好了，但是她觉得是神的恩典。你吃药、去医院病好了，都应该想着是神的功劳，是神帮我们脱离了患难，都应该感恩。"样本21说，"要是有信心，疾病都能脱去。我以前婴儿时得的病，神都给我释放了，是神的恩典。就喉咙疙瘩，四十多年没好过一天，还有那半晌子病，还有骨正病，神都给我释放了。要凭信心，信心不大就得不住。"样本8则提出，他当时应该一方面依靠神，一方面也要依靠药物嘛，你看也是神借着医生的手医治，不能信得太死板。你看，我们这 HS 村那个地方有个人叫史 ZY，他得的也是脱肛，他那是还流血，现在是教会的副组长，还很年轻呢，今年才三十一岁。他去医院检查的时候，都感觉不太好了，说是肠子里面长了肉条。回来他光跟他媳妇说，也没敢跟他爸妈说，怕老人压力太大，他姐是在市里的，他家也没钱，他姐家有钱，就叫他去他姐那。他是一方面依靠神，另外他自己心里也有顾虑，因为他是管着教会各个方面的帐呢，他就开始整理账目，把帐都做个了结。后来他就去市里做手术，现在人家不是还生了个健康的孩子嘛。所以说，也不能那么死板说，我信神了，病再重，我都依靠神。那你依靠神，有时候魔鬼还会钻空子呢，你是不是信得特别好？药物、医生都是神所创造的。

在材料二中，基督徒在认知过程中举例说明其他解决途径，如样本 6 认为，"（材料中说的情况）跟咱这一样，咱这轱辘河户家也得掏钱，国家掏水泥钱、工钱，农民得堆这沙钱、料钱。咱这沟队里有收入，不让农民摊派这钱，没办法了，搞一些筹备资金，卖一些地，卖一些宅基地，收一些外地来下户的户口钱，就用这钱把路修起来。"样本 14 主张，"以前有个山是村里的（集体财产），卖了以后由村长和村里的会计把钱存到银行，当时就想到后来修路的话把它拿出来用，谁知道村里的人净想着村里的干部要把钱花掉，还有的人不同意把那钱花在修路上，尤其是那些没有家室的人，他们想着他就一个人，也说不来老婆[3]，思想观念有问题，就在那里说三道四，要把那钱分了。到现在，村里的路差劲的很，根本走不成，去年花了一万多垫了很多石头，还是不太好走。有时我都在想，就像我们家修自来水的时候，后来断流了我们就去修，可有的人每天吃水就是不掏钱，我们家的思想是可以，你要不吃水可以，就那几十块钱，我们把钱垫出来。你吃也好，不吃也好，人要凭个良心嘛。我们说你不吃我们吃，我们就把钱给他垫出来，把那个水修成了。人的思想问题，有的脑子和别人的就是不一样，太死板了，就是想不到那些好，不出钱。"

在材料三中，基督徒也多举例说明自己的观念，如提出与当地大多数基督徒认为去世后身体变软不同的意见时，样本 12 就说，"这种事也可多，俺经常办这种葬礼。有些多年的老基督徒，平常信心可好，可是去世的时间身上很硬，于是就有人说'咦，他没得救，咋着咋着'，当时借着弟兄姊妹一祷告又恢复了，这是一个得救的记号。这个事不能以这个事来对比，有好些不信神的去世以后身上也可软和，也有这种现象，那你说他根本不信，他得救了？"而样本 11 更是直接指出，"原来张 YQ 他姐夫身上就是软的，他就不信主。这（去世后身体发软）不是得救的凭据。反正是信主的，软的多。反正我爸那时候是老软，荣耀神嘛，这个去看看，那个去看看。"

---

3 当地方言，指找不到媳妇，一般是家庭条件差或个人有缺陷而没有女方愿意做其配偶。

第八章 地方基督徒的政治认知

宗教作为一种文化的集中体现，它在政治生活中必然有所反映。在西方社会，基督信仰渗入普通信众的政治心理，引导他们的政治价值取向、态度和情感，从而形成塑造了西方政治文化的精神与性格（丛日云，2003：3）。那么，作为一种异于中国传统文化的宗教信仰，基督教是否会对中国农民基督徒政治认知有所影响呢？从现实看，基督教在中国农村地区的快速发展，已经引起广泛社会各界的关注，但如何对待基督教，特别是对家庭教会的管理存在争议。尽管有学者提出放宽宗教信仰、家庭教会合法化的建议，但多为家庭教会基督徒的申诉与国外已有理论的延伸，缺少实证上的支持。为此，本研究考察 C 镇三自教会和家庭教会各自的宗教信仰对其基督徒政治认知的影响及其机制与特征。

第一节 国际事务的政治认知

一、国际事务的材料背景及认知结果

2010 年 9 月初发生中日钓鱼岛冲突事件后，地方基督徒和非基督徒对此事件都非常关注。在笔者初期调查时，就有不少当地居民谈及此事，并发表自己的看法。总的来看，无论是非基督徒，还是基督徒，对于如何处理中日间的冲突，意见并不统一，出现强硬与缓和两种不同的声音。基于此，本研究编制材料四，以考察基督信仰对地方基督徒在中日冲突政治认知上的影响。材料如下：

材料四：中日冲突

　　钓鱼岛自古以来就是中国的领土，二战期间被日本占为己有，此后钓鱼岛一直在日本的控制之下。中国政府就钓鱼岛问题向日方多次交涉，日方一直拒绝归还。目前中国政府的做法是先搁置争议。但去年九月份，中国一艘渔船到钓鱼岛附近捕鱼，被日方扣押，中国政府和人民一直抗议，但日方一直没放人。此时，国内一些人就认为，近代历史上，日本一直欺压中国人，八年抗战中屠杀了无数的中国人。那时候中国国力弱，任人宰割，但现在中国国力强盛，如果再欺负到中国人头上，政府就应该作出强硬的措施；而同时，另外有一些人认为，目前中国社会稳定、经济发展，给老百姓也带来了很多的实惠，这主要因为现在中国有钱。目前日本作为中国非常重要的经济合作伙伴，他们认为如果反应过于强硬可能会影响到中国经济的进一步发展，进而会影响到老百姓的收入。相比较来说，你比较赞成哪一种观点？为什么？如果让你来处理这个问题，你觉得该怎么处理才好？

　　材料四关于是否可以采用强硬举措解决领土争端问题，为引发深层认知信息，营造了递进的 3 种情境：情景 1：根据故事所提供的最初情景，让受访者自由陈述，"你觉得应该怎么处理才好？"；情景 2："假如日方继续不放人，该怎么办？"；情景 3："假如日方公开宣布钓鱼岛归属，应该怎么处理比较好"。三种情境中的结果如下（表 8-1）：

表 8-1　国际事务不同情境中基督徒与非基督徒在处理方式上的人数分布(%)

情　境	处理方式 （强硬举措）	信仰群体(n=42)	
		基督徒（n_1=21）	非基督徒（n_2=21）
情景 1	赞　成	23.8	33.3
	不赞成	76.2	66.7
情景 2	赞　成	52.4	57.1
	不赞成	47.6	42.9
情景 3	赞　成	76.2	76.2
	不赞成	23.8	23.8

从表 8-1 中可以看出，基督徒与非基督徒在不同情境中，对领土争端是否采用强硬举措这一问题上，呈现出大致相同的人数分布，即随着情境中假定冲突的不断升级，非基督徒中赞成采取强硬举措的人数由 33.3%上升至 76.2%，而基督徒也由 23.8%上升为 76.2%。

为控制混杂因素对结果的影响，考察基督信仰对地方基督徒国际事务政治认知影响的显著性，本研究根据不同情境中的数据，以处理方式上的态度（赞成武力、不赞成武力）为因变量，将无序二分类变量信仰群体（基督徒、非基督徒）、性别、以及信息量较高的连续性变量年龄、受教育时间为自变量，采取二分类 Logistic 回归模型进行分析（选用 Enter 法，选入变量水准=0.05，剔出变量水准=0.10）。结果如下（表 8-2）：

表 8-2　国际事务的 Logistic 回归模型分析结果

影响因素	B	S.E	Wald χ^2	P	OR	OR 的 95% C.I.
情景 1						
信仰	0.67	1.00	0.45	0.50	1.96	0.27-13.92
性别	0.89	1.15	0.60	0.44	2.44	0.27-23.42
年龄	-0.12	0.06	4.68	0.03	0.89	0.79-0.99
受教育时间	-0.08	0.15	0.26	0.61	0.93	0.69-1.25
常量	6.35	4.09	2.41	0.12	571.11	–
情景 2						
信仰	0.88	0.96	0.84	0.36	2.41	0.37-15.88
性别	1.35	1.03	1.73	0.19	3.86	0.51-28.92
年龄	-0.06	0.04	2.65	0.10	0.94	0.87-1.01
受教育时间	0.00	0.13	0.00	0.99	1.00	0.77-1.30
常量	0.07	3.68	0.00	0.98	1.07	–
情景 3						
信仰	1.05	1.22	0.73	0.39	2.85	0.27-31.20
性别	1.75	1.39	1.60	0.21	5.76	0.38-87.05
年龄	-0.03	0.04	0.48	0.49	0.97	0.90-1.05
受教育时间	0.13	0.14	0.82	0.37	1.14	0.87-1.50
常量	-4.80	5.04	0.91	0.34	0.01	–

结果显示，年龄因素只在情景一中有显著影响（β = - 0.12, Wald Chi-Square

=4.68，p<0.05，OR=0.89))。结合访谈内容可知，在中日冲突不进一步恶化的情况下，年龄大者主张缓和举措的可能性高于年龄小者。如有一名 67 岁的老人就指出，"作为一个老年人，不诉诸于武力比较好，对双方老百姓都有好处。但年轻人肯定是认为，不行就打"（样本 13）。而信仰因素在三种情景中都没有统计意义，表明基督信仰并没有对地方基督徒在中日问题上的认知结果产生影响。

二、国际事务中的认知因素

虽然基督徒与非基督徒在认知结果上并无显著差异，但在认知过程中，二者认知的相关因素不同，归类如下（见表 8-3、表 8-4、表 8-5）：

表 8-3　国际事务中基督徒的认知因素（n1=21）

属　性	内容因素	访　谈　描　述	提及比例(%) (同一因素下)	(同一属性下)
基督信仰	爱的法则	基督徒讲和睦，爱仇敌，用爱征服，不依靠武力	52.4	76.2
	交托于神	向神祷告，依靠神，交托给神，让神解决矛盾	42.9	
	回避	基督徒属灵，国家的事不参与	28.6	
	神予启示	对中国的惩戒	9.5	
		冲突矛盾是神的安排，没有这些矛盾，基督徒们不会齐心协力	9.5	
	神施刑罚	以神的话为主，让神降灾给日本	14.3	
民族情感	民族仇恨	民族仇恨	38.1	61.9
	民族尊严	捍卫国家尊严，要争口气	33.3	
捍卫手段	武力保障	中国应该维护领土的完整，保留采取军事行动的权利	23.8	33.3
		应该像毛主席时代那样去捍卫主权，说打就打	9.5	
	先礼后兵	如果和平解决不行，就使用武力	4.8	
	经济制裁	经济制裁	4.8	
	舆论谴责	争取国际支持，共同谴责	9.5	
稳定发展	经济发展	经济发展能给老百姓带来实惠	23.8	33.3
	社会安定	如果打仗，两国都会损失很大，如果和平解决，对社会安定要好一些	14.3	

实力权衡	国家实力	国家强盛就没人敢欺负	14.3	23.8
	国际力量	考虑到美国的参与	9.5	
		俄罗斯的支持	4.8	
信任政府	信任政府	国家领导人会处理好	14.3	14.3
民间传说	民间传说	秦始皇派徐福求长生不老	9.5	9.5

52.4%的基督徒依据"要爱你们的仇敌"这一基督教的教义，从而主张不应该使用暴力，要包容、忍耐、和睦。42.9%的基督徒认为只有借着祷告，把这件事交托主才能得以解决，并解释这是因为人不能改变人，只有神能改变人，神示意念改变领导者的心意或施人以智慧，才能使问题得以解决。这两个因素（爱的法则、交托于神）被提及的最多，说明它们对基督徒的政治认知产生影响也最大。此外，有28.6%的基督徒持回避的方式，认为基督徒应该专一信神，不关心世间的事，更不会议论和参与国家的事，从而避免对问题的回答。14.3%的基督徒认为，通过信神、敬畏神从而让神护佑中国，惩罚日本，持此观点的基督徒是基于神是喜悦中国的，这是因为"咱中国人多，所以神向着咱"（样本11）。但与之相对的是，并不是所有的基督徒都认为神偏爱中国，有基督徒就进行了如下的推理：日本人那么恶，应该灭绝，但《圣经》上说灭绝的都是不敬畏神的，敬畏神的都留下余种，看来日本人虽然可恶但也敬畏神（样本21）。在神予启示中，就有基督徒认为国际间的冲突是神的旨意，是对中国人"太刚硬"、不信神而实施的惩戒。持此观点的基督徒多是以《旧约·士师记》为依据进行论述，他们认为现在的中国人就像当时以色列民，他们犯罪得罪神，神就任凭外邦族人践踏他们，"不靠神早晚要吃亏"。

除了信仰因素外，基督徒的政治认知过程还包括捍卫手段、民族情感、实力权衡、稳定发展、信任政府、民间传说六个因素。民族情感（61.9%）因素被提及的频率仅次于基督信仰，这说明关于如何解决中日冲突问题，地方基督徒尽管受到其宗教信仰中爱仇敌和用爱感化对方的影响，但其内化程度有限。其后的捍卫手段（33.3%）和稳定发展（33.3%）因素提及次数也相同，这些都显示出基督徒在处理这一问题时，在认知方式上的双重性。

对非基督徒在国际事务中的政治认知因素进行梳理，结果如下：

表8-4 国际事务中非基督徒的认知因素（n2=21）

属　　性	内容因素	访　谈　描　述	提及比例(%)（同一因素下）	（同一属性下）
实力权衡	国家实力	中国不该贸然行动，而是要着重发展自己的实力	61.9	61.9
	国际力量	美国给日本撑腰	9.5	
捍卫手段	武力保障	南斯拉夫大使馆被炸，中国表现过于克制、软弱	14.3	52.4
		国际上领土争端问题，最终多是通过武力才能最终解决	9.5	
		应该如毛主席时代那样，"人不犯我我不犯人，人若犯我我必犯人"	9.5	
	先礼后兵	先谈判，看其态度再说	19.0	
	经济制裁	经济制裁，贸易制裁	14.3	
	舆论谴责	争取国际舆论，进行声讨、谴责	14.3	
稳定发展	经济发展	先过好自己的生活，把生活质量提高	38.1	52.4
	社会安定	现在中国处理国际问题，尽量克制，不使用武力，保持社会安定	14.3	
民族情感	民族仇恨	民族仇恨不会忘	23.8	47.6
	民族尊严	要以民族正义、尊严为重	33.3	
信任政府	信任政府	支持国家领导人的决策	19.0	28.6
		国家领导人在南斯拉夫大使馆被炸事件上的反应考虑大局	9.5	
民间传说	民间传说	秦始皇派徐福求长生不老	4.8	4.8

基于表8-3和表8-4，并进行关联得表8-5：

表8-5 国际事务中基督徒与非基督徒的认知因素对比表

	宗教信仰	相　关　社　会　观　念					
	基督信仰	民族情感	实力权衡	捍卫手段	稳定发展	信任政府	民间传说
基督徒（%）	76.2	61.9	23.8	33.3	33.3	14.3	9.5
非基督徒（%）	0	47.6	61.9	52.4	52.4	28.6	4.8
χ^2	25.85***	0.87	6.22*	1.56	1.56	—	—
df	1	1	1	1	1	—	—
p	0.00	0.35	0.01	0.21	0.21	0.45	1.00

基于表 8-3、8-4、8-5，对基督徒与非基督徒在认知因素上的人数分布是否存在差异进行独立性检验，包括三部分：对总认知因素的检验，用于考察基督徒和非基督徒的政治认知是否一致；对基督信仰因素的检验，用于考察宗教信仰因素对基督徒政治认知作用的大小；对社会观念认知因素的检验，用以考察基督徒的社会观念框架与非基督徒的认知结构是否相同。2（基督徒、非基督徒）×7（总认知因素）的检验结果显示，不同信仰群体与总认知因素存在关联（Fisher 确切概率法，$p < 0.001$），即基督徒和非基督徒在总认知因素上的人数分布存在显著差异。在基督信仰因素中，基督徒与非基督徒的人数分布存在显著差异（$\chi^2 = 25.85$，$p < 0.001$）。结合具体访谈内容可知，基督徒在其认知过程中较多涉及基督信仰，而非基督徒则不涉及。在社会观念认知因素上的人数分布，基督徒与非基督徒没有显著差异（Fisher 确切概率法，$p > 0.05$）。

从具体内容看，非基督徒提及实力权衡的人数远多于基督徒，且其差异具有统计意义（$\chi^2 = 6.22$，$p < 0.05$）。这表明相比较基督徒主张用爱来感化对方来解决冲突，非基督徒更倾向于增强自身的实力来最终平息争端。非基督徒基本主张是，和平是人们的理想状态，但不是想得到和平就能得到和平，"比他弱怎么能感化他"，"只有自己强大，才能保证自己的利益"，这"就像小孩和大人打架，小孩说咱和平解决，但是大人不会同意，因为他能打败小孩"（样本 19、23、32）。在他们看来，只有发展经济，达到国富民强，这时候再比较各自实力，再决定是否采用强硬举措，而且到那时"人都会高看你"，"不敢惹你"，"不敢轻易欺负你"（样本 2、23、27）。

在捍卫手段因素中，基督徒和非基督徒不仅在人数分布上没有显著差异（$\chi^2 = 1.56$，$p > 0.05$），而且他们都提及到武力保障、先礼后兵、经济制裁、舆论谴责。其中，武力保障是他们提到最多的方式，且提及频率相等，都为 33.3%。这表明基督徒和非基督徒一样，对国防都比较重视。在武力保障上，非基督徒和基督徒都提及毛泽东时代的豪气、领土问题只有靠武力才能最终解决这两个话题。此外，非基督徒还提到 1999 年中国驻南斯拉夫大使馆被炸的事件。总之，无论是非基督徒还是基督徒，都表现出对毛泽东时代的认同，认为当时中国在对外关系上表现出了应有的强势，捍卫了中华民族的尊严。与此一致的是，在民族感情因素上，基督徒和非基督徒一样，都非常重视民族尊严（$\chi^2 = 0.87$，$p > 0.05$），强调"无论贫富，我们都不能放弃尊严"（样本 25）。

在稳定发展因素中，非基督徒相对来说比基督徒更重视经济发展问题，表明非基督徒更多地考虑现实因素，看重经济利益。另外，非基督徒表现出比基督徒更多地信任政府，这可能与基督徒凡事信赖神，更多关注精神领域有关。

总的来看，在如何处理中日矛盾上，无论是基督徒还是非基督徒的认知因素中，都包含"强硬/缓和"这一矛盾观念。从涉及的认知因素看，基督徒要求和平解决的因素包括宗教信仰中爱的法则和稳定发展，要求强硬举措的有捍卫手段和民族情感；非基督徒主张和平解决的因素为稳定发展因素，赞成采取强硬举措的有捍卫手段和民族情感。配合度检验显示，基督徒（$\chi2=0.01$，$p>0.05$）和非基督徒（$\chi2=0.11$，$p>0.05$）一样，在矛盾观念上的人数分布没有显著差异，表明基督徒和非基督徒在认知过程中表现出双重性或一定程度的矛盾心理。不同的是，持谨慎态度主张不采用强硬举措的非基督徒，多将现实作为出发点，而基督徒则多是受到基督信仰爱与和平的影响。

另外，在国际事务中的认知因素中，除宗教信仰外，基督徒的相关社会观念与非基督徒的认知结构完全一致，都包括捍卫手段、民族情感、实力权衡、稳定发展、信任政府、民间传说六个因素，且其重要程度基本一致，其中前四个对基督徒和非基督徒都有重要影响。这表明，地方基督徒的宗教信仰并不是贯穿其认知过程之中的，更像是在与非基督徒一样的政治认知结构之外，形成一种新的认知框架。

第二节　国内地方事务的政治认知

一、地方事务的材料背景及认知结果

修路一直是当地居民关注的一个话题。C 镇处于山区，道路崎岖难行，而当地经济发展有限，需要修的路太多，僧多粥少，只能根据各地实际情况依次修路。在 2009 年，泗水沟的住户都说地方政府要给当地修路，但直到 2012 年上半年才施工；而一些偏远的地区，如 TH 村，白云山游览区的路早就修好，但临近的区域至今都没有修路。在修路时，大都需要居民集资，对于这种情况，当地居民有着不同的看法。一部分居民认为政府拨款，就已经减轻了自己的负担，修路最终使自己受益，所以应该出；另一部分居民则认为现在政府贪污成风，自己集资属于乱摊派，所以不应该出这个钱。基于此，本研究编制材料五，以考察基督信仰对地方基督徒在集资修路政治认知上的影响。材料如下：

材料五：集资修路

现在各地都在修建村村通工程。中央和省里都有文件，规定不增加农民的负担，因为农民挣钱不容易，国家现在富裕了，有能力出这钱。假如村里要修建村村通，修路时通知上面拨的款不够，村民各家各户都要摊派。其中，有一些村民知道上面的文件，认为上面拨的钱肯定够，说不定到下面被私自挪用，不愿意交这个钱。但如果修路的款项凑不够，路就修不起来，村民出行不便，甚至会影响到村民自己运输粮食和货物。如果你是这个村的村民，你认为应该交这个钱吗？

材料五是关于集资修路的态度，为引发深层认知信息，提供给受访者两种归因情形，分别是：（1）国家大，财力有限，需要管的事和用钱的地方太多；（2）修路的款项被私自挪用、贪污。分析结果如下（表8-6）：

表8-6 国内事务两种归因下基督徒与非基督徒在认知结果上的人数分布(%)

归因情形	认知结果	信 仰 群 体	
		基督徒（n_1=21）	非基督徒（n_2=21）
情形1	体谅	85.7	66.7
	不体谅	14.3	33.3
情形2	容忍	47.6	42.9
	不容忍	52.4	57.1

上表显示，在归因情形一中，大多数基督徒（85.7%）和非基督徒（66.7%）都体谅国家，而在归因情形二中，基督徒与非基督徒一样，在对贪污腐败容忍与不容忍上的分布人数非常接近，呈现一种对峙状态。

以处理方式上的态度为因变量，以信仰群体、性别、年龄和受教育时间为自变量，进行Logistic回归模型检验（选用Enter法，选入变量水准=0.05，剔出变量水准=0.10）。结果如下（表8-7）：

表 8-7 国内事务两种归因情形的 Logistic 回归模型分析结果

影响因素	B	S.E	Waldχ^2	P	OR	OR 的 95% $C.I.$
情形 1						
信仰	1.05	1.22	0.73	0.39	2.85	0.27-31.20
性别	1.75	1.39	1.60	0.21	5.76	0.38-87.05
年龄	-0.03	0.04	0.48	0.49	0.97	0.90-1.05
受教育时间	0.13	0.14	0.82	0.37	1.14	0.87-1.50
常量	-4.80	5.04	0.91	0.34	0.01	-
情形 2						
信仰	-0.32	0.84	0.15	0.70	0.72	0.14-3.73
性别	-0.72	0.94	0.59	0.44	0.49	0.08-3.05
年龄	0.03	0.03	0.78	0.38	1.03	0.97-1.10
受教育时间	-0.01	0.12	0.01	0.91	0.99	0.78-1.25
常量	0.12	3.42	0.00	0.97	1.13	-

Logistic 回归模型分析显示，信仰因素在两种归因情形中并无统计意义，表明基督信仰并没有对地方基督徒在地方事务上的认知结果产生影响。

二、国家财力有限归因下的认知因素

在国家财力有限归因下，对基督徒和非基督徒的访谈内容进行分析、归类，其结果如下（见表 8-8、表 8-9、表 8-10）：

表 8-8　国家财政有限归因(1)中基督徒的认知因素（n1=21）

属　　性	内容因素	访　谈　描　述	提及比例(%) (同一因素下)	(同一属性下)
集资缘由	个人受益	修路直接涉及到个人利益，带来的是自己的实惠	57.1	57.1
	互利	既然国家扶持的有，应该掏，因为这是咱自己走的路	47.6	
	为国分忧	国家涉及的地方太大，咱也得为国家分忧	9.5	
替代方案	政府负责	写申请，让上面再拨些钱	9.5	28.6
	村里解决	村里筹备资金，卖一些地，不让农民摊派这钱	9.5	
	以工代资	可以让他多干点活	9.5	

思想觉悟	觉悟程度	人的觉悟不够钱就收不上来	23.8	28.6
	思想觉悟	毛泽东领导那个时候人的思想觉悟好，自觉去很远的地方修路	4.8	
基督信仰	奉献	基督徒应该积极交钱，奉献爱心	9.5	19.0
	顺服	基督徒要顺服掌权者	9.5	
收入	困难家庭	有些家庭掏不起，如低保户	9.5	23.8
	负担得起	感觉都能拿出来	9.5	
	弹性集资	根据收入情况出	9.5	
政府政策	信任政府	政府让出就出，也不会让出很多	9.5	19.0
	政策保密	要是没有这个文件的话，村里的人估计都会掏	9.5	
名声	名声	不兑钱落个小气名声	4.8	4.8

表 8-8 显示，影响基督徒做出决定的因素较多，按其重要性依次为：集资缘由（57.1%）、思想觉悟（28.6%）、基督信仰（23.8%）和名声（9.5%）。

在具体内容层次上，基督徒之所以对国家体谅，愿意集资修路，是因为他们认为修路能使个人得到实惠，说明其出发点是个人利益。如有基督徒就非常明确指出，就算是国家不拨钱，咱自己还得修，现在国家既然拨一部分钱，叫修这个路，作为农民来说，当然应该掏，因为这是咱自己走的路。既然自己受益，得到好处，少拿一部分，那也是理所当然的，"哪能叫国家给你全部拿出来"（样本 9、34）。

和集资缘由一样，思想觉悟因素也大都出于个人利益的考虑，"人要凭个良心，有的人思想观念有问题，太死劲（固执）了，就是想不到那些（修路带来的）好，不出钱"（样本 14）；此外，还有个别基督徒指向人的集体主义感，怀念毛泽东领导的时期，认为那时人的思想觉悟好，都很自觉去很远的地方修路，而现在人们的觉悟越来越差。

基督信仰的影响有限（23.8%），包括顺服和奉献两个子因素。在调查中，地方基督徒指出，"《圣经》上说，国家该叫你交的，纳税、公粮、分派款，该交你还得交，得顺服国家"（样本 12）。但相比较被动的顺服而言，奉献更体现了一种主动性，是自主选择的结果，如"信主的还得积极的去交"，"即使大家不交你也应该交，即使你不是那村的（村民）也可以献一份爱心"（样本 4、11）。此外，还有基督徒从中国人讲面子的角度出发，认为"不兑钱落个小气名声"，到时大家都指责他，并建议要把出钱人的名字刻在石碑上，让子孙后代都知道（样本42）。

除了表示积极集资的态度外，还有基督徒从具体的情况出发，认为应该考虑收入不同所带来的影响，并提供了其他一些解决集资困难的方案。对收入情况的考虑有三种：一是认为对收入有限的家庭来说，确实掏不起，"让他掏三二百都很难，有些一百块钱在他手里，可以说是养生的钱"（样本1）；其次是认为都掏得起钱；最后是认为要根据收入情况酌情集资。

替代方案因素由政府负责、村里解决、以工代资三种途径组成。其中，前两种主张既然相关政策规定不要增加农民的负担，应该由各级政府想办法解决；以工代资则指出可以让不愿意或经济有困难的村民多干点活来抵消应缴纳的集资款。这显示出尽管有部分基督徒并不积极参与集资，但都不会直接拒绝，而是提出可以解决这一问题的其他集资途径，从而规避由此产生的心理压力。

总的来说，如果是因为国家财力有限而不能把修路的款项拨够，需要自己集资一部分，地方基督徒积极集资。结合具体的认知内容可知，尽管基督徒在个人利益与国家利益相协调的情况下，愿意为国家的利益分忧排难，但其出发点却在于维护自己的利益。

本研究再对非基督徒在国家财政有限归因下政治认知涉及的因素进行梳理，结果如下：

表8-9 国家财政有限归因(1)中非基督徒的认知因素（n2=21）

属　　性	内容因素	访　谈　描　述	提及比例(%) (同一因素下)	(同一属性下)
集资缘由	个人受益	修路给自己带来实惠	61.9	61.9
	互利	既然国家扶持的有，应该掏，因为这是咱自己走的路	28.6	
	为国分忧	国家管的太大了，咱也为国家分忧	4.8	
替代方案	政府负责	村干部或者有名望的人到上面做做工作，再拨些钱	14.3	42.9
	村里解决	对有困难的，村里减免	9.5	
	表决决定	大伙共同表决，共同协商，看情况而定，修就出钱，不出国家把拨款收回去	9.5	

	拒绝集资	国家既然不让咱出这个钱，那么他们拨的钱一定是够用的	14.3	
	以工代资	有些地方是老百姓出劳力	9.5	
政府政策	信任政府	国家的政策规定是好的	14.3	28.6
	宣传政策	宣传国家政策，让百姓知道	9.5	
	政策保密	要是没有这个文件的话，村里的人估计会掏	4.8	
思想觉悟	通情达理	通情达理的老百姓愿意拿，要讲自愿	19.0	28.6
	思想工作	给村民讲清楚，做好思想工作	14.3	
收入	困难家庭	农民有的收入很有限	9.5	19.0
	负担得起	一般都交得起	4.8	
	弹性集资	依据农民自身收入掏钱	9.5	
名声	名声	没出钱不好看，落个坏名声	14.3	23.8
		可以让富人或企业多拿点，留个好名声	9.5	

综上表 8-8 和表 8-9，并进行关联分析得表 8-10：

表 8-10　国家财政有限情形(1)中基督徒与非基督徒认知因素对比表

	宗教信仰	相关社会观念					
	基督信仰	集资缘由	思想觉悟	替代方案	收入	政府政策	名声
基督徒（％）	19.0	57.1	28.6	28.6	23.8	19.0	9.5
非基督徒（％）	0	61.9	28.6	42.9	19.0	28.6	23.8
$\chi2$	—	0.10	0.00	0.93	—	0.53	—
df		1	1	1		1	
p	0.11	0.75	1.00	0.33	1.00	0.47	0.41

　　基于表 8-8、8-9、8-10，对基督徒与非基督徒在认知因素上的人数分布是否存在差异进行独立性检验。2（基督徒、非基督徒）×7（总认知因素）的检验结果显示，基督徒与非基督徒在总认知因素上的人数分布没有显著差异（Fisher 确切概率法，$p>0.05$）。结合具体访谈内容可知，基督徒在国家财政有限归因情形中的政治认知较少涉及信仰因素。在相关社会观念因素中，基督徒与非基督徒的人数分布也无显著差异（Fisher 确切概率法，$p>0.05$）。

　　无论对基督徒还是非基督徒，集资缘由是被提及最多的认知因素，说明它对基督徒和非基督徒都起着重要的影响。这表明，在个人权益受到保护的前提下，他们都了解相关的国家政策能给自己带来实惠，"要想富，先修路"，更有人（包括基督徒和非基督徒）认为修路可以造福子孙，"不光这一代受益，还有下一代"，这是子孙受益的事情。这反映出基督徒和非基督徒在个体利益与国家利益协调的情况下，愿意出钱修路，是基于"互利"的考虑，其前提是确保自身利益。尽管非基督徒（61.9%）与基督徒（57.1%）对集资缘由的提及次数基本一致（$\chi2=0.10$，$p>0.05$），但鉴于在基督信仰因素中呈现出来的对国家相关政策的拥护和对集资修路的支持，基督徒对国家的体谅要多于非基督徒。

在替代方案上，非基督徒与基督徒的人数分布没有显著差异（$\chi2=0.93$，$p>0.05$）。在具体内容因素上，非基督徒除了与基督徒一样，持有政府负责、村里解决、以工代资外，还包括表决决定和拒绝集资，显示了非基督徒对集资修路持消极的态度。相比较而言，基督徒在集资修路上更积极一些。

在政府政策与思想觉悟上，非基督徒比基督徒多出宣传政策和思想工作这两个内容因素，表明非基督徒不同于基督徒注重思想自觉性，更强调相关实际工作的开展。与此相对的是，也有个别非基督徒认为，不要让人们知道相关的政策，这样才有利于把款项凑齐。尽管基督徒和非基督徒在是否公开相关政策文件上意见不同，但其出发点和目的是一样的，都是为了能完成集资，把路修好。

在收入因素上，非基督徒与基督徒一样，都考虑到收入不同对集资的影响。名声因素表明，无论是非基督徒还是基督徒，都保留着中国人重视面子的心理。

总的来说，在国家财力有限的情形下，基督徒和非基督徒基于自身利益，都能考虑到国家利益因素，对集资修路持积极态度。这表明在个体利益得以保障的前提下，国家意识是认知的依据，基督徒以及非基督徒表现出较高的为国分忧心理。正是这种倾斜性的认知所造成的社会压力，使得没有受访者可以直接断然拒绝出钱。即使在访谈中有个别受访者提及"国家有的是钱，不交钱"这样的说法，也都表示自己不是这样想，而是别人有这样的考虑。就连那些少部分表示拒绝意向的受访者，或者提出再申请拨款等其他集资的途径，或者从客观方面寻找借口，通过否认某些前提条件以降低由此带来的心理压力，如"国家既然不让咱出这个钱，那么他们拨的钱一定是够用的"。

三、拨款被挪用贪污归因下的认知因素

在拨款被挪用、贪污归因下，对基督徒和非基督徒的访谈内容进行分析、归类，其结果如下（表8-11、表8-12、表8-13）：

表8-11 拨款被挪用贪污归因(2)中基督徒的认知因素（$n_1=21$）

属　性	内容因素	访　谈　描　述	提及比例(%) (同一因素下)	(同一属性下)
基督信仰	顺服	基督徒要顺服掌权的	28.6	52.4
	刑罚	贪污由神来审判，进行刑罚	23.8	
	交托于神	祷告神，凡事靠着他，他都会开出路	19.0	
	回避	这只牵扯人之间的事情，不牵扯神的事情	9.5	
反对举措	拒绝集资	贪污腐败就不出钱	33.3	42.9
	上访	上访	9.5	
	监督	大家监督	4.8	
容忍缘由	迫于权势	人家管着你，咱是老百姓，掐不过人家	19.0	33.3
	务实	不送礼、不让官员贪点办不成事，路就修不成	14.3	
知情权	证据	上面到底拨多少钱咱不知道，没有事实的证据	14.3	23.8
	调查权	咱农民也没权去调查	9.5	
政府信任	信任中央政府	中央的政策好得很	19.0	19.0
	不相信当地政府	下面政府太不作为，净捣腾，都在巧立名目捞钱	14.3	
腐败认识	期望	官员应该是当得清、当得正	4.8	9.5
	现状堪忧	贪污腐败很难改变	4.8	

在基督信仰因素中，28.6%的基督徒从顺服掌权者这一基督教教义出发，认为官员是上帝派来"管理世上之人，刑罚作恶之人"的，所以要顺服他们，即"上头顺服神，下头顺服人"；而23.8%的基督徒则认为贪污是罪，神应该对腐败的官员进行审判和刑罚。这两个认知因素（顺服、刑罚）对集资的态度截然相反，且被提及次数相当，显示出基督徒政治认知过程中的矛盾态度：即便基督徒都知道《圣经》中明确指示要顺服掌权者，但基督徒之间对这一

问题仍有着较大的分歧。这与国家财力有限归因下基督徒在宗教信仰因素中一致支持集资修路大不相同，表明基督徒对这一问题的态度并未完全受其信仰制约，而是随着归因的不同而有所改变。此外，交托于神（19.0%）是有基督徒认为向神祷告，一切依靠神来处理；回避（9.5%）则是主张自己只管属灵的事，不参与世间的事。

基督徒对腐败现象的不能容忍不仅反映在基督信仰因素中的刑罚，还反映在应对举措上。在这一因素中，绝大多数基督徒拒绝集资，按其对贪污腐败不容忍有三个子因素，按照程度从强到弱依次为上访、拒绝集资、监督。甚至有基督徒认为与其拿着钱去浪费，还不如周济穷人。

容忍缘由因素分两个方面：一是迫于权势，认为在这世上生存，受空间辖制，尽管内心认为不应该摊，但要是不集资，"找住咱的事那就不中了"；二是从务实方面考虑，认为不送礼、不叫官员贪一点根本办不成事，现在形势都这样，所以就"不能眼目短浅，光看这一点小事，从大局看，吃点小亏，路修开还是对人人都有利"。这表明基督徒在处理现实问题时，也会权衡权力因素对自己的利弊。

知情权方面是关于对贪污腐败的了解程度，由于没权去调查，所以是否贪污只是一个猜疑，没有证据。甚至有基督徒认为，即使有证据也不能抵抗，抵抗不了，只得交钱。这表明地方基督徒对贪污腐败的情况的了解程度较低，而且处于不积极的状态。

对政府的信任方面，呈现出"上满下不满"的现象。在调查中，受访者经常谈起中央的政策是好的，为老百姓着想，不用交农业税还进行补贴，但往下一级一级政府往往只为自己的利益考虑，欺上瞒下，对此很有怨言，"老百姓气都气到这方面"（样本9）。

腐败认识因素则是个别基督徒提出对官员的一些期望，认为如果官员"当得清、当得正，老百姓情愿负担一部分"。另外，还有个别基督徒认为现在的官员都想贪污受贿，形势如此，很难改变。

以上的分析表明，如果是国家把修路的款项拨够，但被下面的官员贪污挪用，基督徒表现出矛盾的态度：一方面反对腐败，拒绝出钱；但另一方面因为受到基督教的教义以及迫于权势又不得已而出钱。这表明与归因情形一相比，基督徒内心并不乐意出钱修路。这说明，尽管基督教的教义明确指出基督徒应该顺服掌权者，但从两种不同归因情形下的认知因素来看，在个人利益受到侵犯时，基督徒无论是内心上还是行为上都未表现出对政府的完全顺从。

对非基督徒拨款在被挪用贪污归因下的政治认知因素进行梳理，结果如下：

表 8-12　拨款被挪用贪污归因(2)中非基督徒的认知因素（n2=21）

属　　　性	内容因素	访　谈　描　述	提及比例(%) (同一因素下)	(同一属性下)
反对举措	拒绝集资	贪污腐败就不出钱	23.8	47.6
	举报	举报，由政府制裁他们	14.3	
	监管	最好有一个监督机制，监督财政	9.5	
政府信任	信任中央政府	中央的政策好	38.1	38.1
	不相信地方政府	现在下面的官员都想法捞钱	38.1	
腐败认识	期望	作为领导他们也不得强求，讲自愿	28.6	38.1
	现状堪忧	贪污腐败不可改变	19.0	
容忍缘由	务实	行贿审批，官员不送点、拿点，路就不好修	23.8	33.3
	迫于权势	官员管着你，只得交	9.5	
知情权	证据	拨的款被截留，但没有证据	14.3	14.3

综上表 8-11 和表 8-12，并进行关联分析得表 8-13：

表 8-13　拨款被挪用贪污归因(2)中基督徒与非基督徒认知因素对比表

	宗教信仰	相　关　社　会　观　念				
	基督信仰	反对举措	容忍缘由	知情权	政府信任	腐败认识
基督徒（%）	52.4	42.9	33.3	23.8	19.0	9.5
非基督徒（%）	0	47.6	33.3	14.3	38.1	38.1
χ^2	14.90***	0.10	0.00	—	1.87	4.73*
df	1	1	1	—	1	1
p	0.00	0.76	1.00	0.70	0.17	0.03

基于表 8-11、8-12、8-13，对基督徒与非基督徒在认知因素上的人数分布是否存在差异进行独立性检验，2（基督徒、非基督徒）×6（总认知因素）

的检验结果显示，基督徒与非基督徒在总认知因素上的人数分布有显著差异（Fisher 确切概率法，p <0.05）。在基督信仰因素中，基督徒与非基督徒的人数分布存在显著差异（χ2= 14.90，$p < 0.001$），基督徒在拨款被挪用贪污归因情形中涉及到基督信仰因素，而非基督徒在认知过程中则不涉及；但在相关社会观念认知因素中，基督徒与非基督徒的人数分布没有显著差异（Fisher 确切概率法，$p > 0.05$）。

从具体内容看，反对举措因素中，非基督徒与基督徒一样，表现出对贪污腐败不容忍的态度，认为合情合理才愿意出钱，如果是贪污腐败就不出钱。在具体的内容因素中，上访举报和建立监管机制较少被提及，而提及最多的是拒绝集资，以免自己的利益受损。这表明，在反对贪污腐败时，无论基督徒还是非基督徒，更多地是出于维护自身利益的考虑，这和归因情形一中基于个人利益而愿意集资相一致，说明无论何种归因下，个体利益是基督徒和非基督徒进行相关政治认知的出发点。

在政府信任上，非基督徒与基督徒一样，表现出"上满下不满"。有不少的受访者认为，中央政府确实为民着想，制定的政策好，老百姓拥护；但下面的官员腐败，多是拿钱吃喝、买车，或是送礼，走不正当关系，"现在老百姓就是比较痛恨这么多的贪污腐败，把老百姓该得的好处都拿走了"（样本 18、20）。更有受访者直接提出自己的划分标准，"中央、省是好的，但一级一级往下，到了市、县、乡，是不好的"（样本 20）。

在腐败认识因素上，非基督徒的提及人数远多于基督徒（χ2= 4.73，$p < 0.05$），这可能与地方基督徒对政府的态度谨慎有一定的关系。一方面，非基督徒对整治贪污腐败表达了自己的期望，要求官员廉洁，把国家的拨款用到正处，为老百姓办实事，并能照顾到农民的具体情况，让他们力所能及地出钱。如有受访者从改革开放前后对比情况出发，评述腐败的现状，表现出对毛泽东时代的社会风气比较满意，认为当时的官员一心为公，肯定不会贪污腐败（样本 2、26）。另一方面，一些非基督徒对目前贪污腐败的现状感到忧虑，甚至认为，贪污腐败是机制问题或是国人性格导致的，所以这种情形很难得到改变，"天下乌鸦一般黑"，表现出对治理贪污前景的担忧。

在容忍缘由因素中，非基督徒多是务实考虑（23.8%），而基督徒则多是迫于权势（19.0%）。出现这种情况与地方基督徒自身的特点有关：一方面与基督徒一切依靠神的宗教信念有关；另一方面还与地方基督徒，特别是家庭教会基督徒对政府管理的畏惧有关。在知情权因素上，非基督徒只谈及要有真凭实据，而基督徒除此之外还强调要有调查权。

总的来看，在拨款被挪用、贪污归因下，基督徒和非基督徒的认知因素中，都包含"严惩腐败/顺从"这一矛盾观念。从涉及的因素看，基督徒容忍贪污腐败的认知因素包括基督信仰中的顺服和容忍，反对贪污腐败的认知因素有基督信仰中的刑罚以及反对举措；非基督徒反对贪污腐败的认知因素是反对举措，容忍贪污腐败的认知因素是容忍缘由。配合度检验显示基督徒（$\chi2=0.19$，$p>0.05$）和非基督徒（$\chi2=0.30$，$p>0.05$）一样，在矛盾观念上的人数分布没有显著差异。这表明基督徒和非基督徒在对待贪污问题上呈现出矛盾的心理。但在对出钱修路的解释上，相对于非基督徒认为是迫于权势，基督徒则强调顺服是神的旨意，反映出在归因 2 情形下宗教信仰为基督徒的态度观点提供了解释框架。

综上所述，基督徒和非基督徒一样，在国家财力有限归因下积极集资，而在拨款被挪用、贪污归因下呈现矛盾态度，既不愿意出钱，但又迫于权势或信仰而无奈集资。这表明他们非常明确地把官员与国家区分开，愿意为国家的利益付出，但对贪污腐败的官员不能容忍。如一名基督徒所说，交不交钱就要"看情况了，如果国家拨的钱够，有人想贪一点，这是绝对不行的；但是，如果财政确实有点问题的话，尽管有文件说大家不用掏，但是大家为了能走路，还是要掏一点。这是千秋万代的，现在不搞的话，以后还是要搞的"（样本 14）。

另外，凡涉及到政府的，基督徒都要表现出比非基督徒稍多一点的顺从，但差异没有达到一个显著程度。这说明，地方基督徒在集资修路问题上所持的观点态度和非基督徒并没有本质上的区别，既没有发自内心的顺服，也没有行为上的表面服从。他们与非基督徒一样，在涉及自身时，也是以个人利益为基础和出发点。

第三节　宗教管理事务的政治认知

一、宗教管理事务的材料背景及认知结果

从 C 镇基督教会的历史与现状可以看出，三自教会和家庭教会的差异突出表现在聚会方式上，即是否到指定场所进行礼拜。相比较三自教会接受政

府领导，在指定场所聚会，当地家庭教会的聚会场往往安排在基督徒家中举行，并没有经过政府的批准或登记，流动性和随意性都较大。对此，当地非基督徒的态度并不一致，赞同、反对或不干涉的都有。基于此，本研究编制材料六，以考察基督信仰对地方基督徒在宗教事务管理政治认知上的影响。材料如下：

材料六：聚会方式

在宗教事务管理条例中，要求宗教活动要在指定的宗教活动场所内举行，同时会给基督徒登记注册，颁发受洗证。但基督徒是以《圣经》的话来做事的，在《《圣经》·新约》马太福音 18：20 中，讲到"哪里有两个或三个人，因我的名字聚在一起，我就在他们中间"，这就是说只要真心信仰主，几个人就随时随地都可以组成一个教会，也就是咱们通常所说的三人成一教会。这么看来，二者之间有所不同，你觉得需不需要听从政府，遵守这个管理条例？

材料六关于对基督徒聚会方式的态度，认知结果存在两种情况：遵守与不遵守。分析结果如下（表8-14）：

表 8-14　宗教事务管理中基督徒与非基督徒在认知结果上的人数分布(%)

认 知 结 果	信 仰 群 体	
	基督徒（n_1=21）	非基督徒（n_2=21）
遵　守	23.8	66.7
不遵守	76.2	33.3

从表8-14可以看出，基督徒（76.2%）多主张不遵守相关管理条例，而非基督徒（66.7%）则多持遵守观点。

以是否遵守相关管理条例为因变量，以信仰、性别、年龄、受教育时间为自变量，采用二分类 Logistic 回归模型进行检验（选用 Enter 法，选入变量水准=0.05，剔出变量水准=0.10）。结果如下（表8-15）：

表 8-15　宗教事务管理的 Logistic 回归模型分析结果

影响因素	B	S.E	Waldχ^2	P	OR	OR 的 95% $C.I.$
信仰	-2.11	0.94	5.00	0.03	0.12	0.02-0.77
性别	-0.73	1.09	0.45	0.50	0.48	0.07-4.07
年龄	-0.05	0.04	1.86	0.17	0.95	0.89-1.02
受教育时间	-0.02	0.13	0.03	0.87	0.98	0.75-1.27
常量	7.25	4.06	3.18	0.07	1413.05	–

　　Logistic 回归模型分析显示，统计意义（β = − 2.11，Wald Chi-Square =5.00，p<0.05，OR=0.12），这表明基督信仰对地方基督徒在是否遵守相关管理条例、到指定场所参加宗教活动问题上的认知结果产生显著性影响。

二、宗教管理事务中的认知因素

　　对基督徒、非基督徒的访谈内容进行分析、归类，相关数据如下（见表8-16、表 8-17、表 8-18）：

表 8-16　基督徒宗教事务管理中认知涉及的因素（n1=21）

属　　性	内容因素	访　谈　描　述	提及比例(%) (同一因素下)	(同一属性下)
基督信仰	救赎	这条属灵的路是窄的，找到的人是少的，但进天堂的人是多的	38.1	76.2
基督信仰	属灵	只要真心信，不在于你在哪里信，祈祷他都听	28.6	76.2
基督信仰	顺服	顺服政府、国家的政策是神的旨意	19.0	76.2
基督信仰	交托于神	基督徒凡事都祷告，认识神	9.5	76.2
应对态度	行为准则	凡事按照《圣经》上去信	33.3	52.4
应对态度	服从政策	国家的政策都要服从	14.3	52.4
应对态度	形式做法	纯粹是形式做法，是让上头看	4.8	52.4
应对态度	信仰自由	公民有信仰自由	4.8	52.4
政府行为	扶持	国家支持三自教会，不支持家庭教会	19.0	28.6
政府行为	监控	国家怕基督徒人多了乱，需要监控	9.5	28.6

教会认识	讲道内容	三自教会和家庭教会讲道的方法不一样	9.5	28.6
	行为原则	三自教会服从国家法律，家庭教会以《圣经》为原则	19.0	
	形成缘由	基督徒太多，或者有病、出行不便，到处流动	19.0	38.1
		教会没开放以前，基督徒们都是在家聚会	4.8	
益处	合法性	合法，受到法律保护	14.3	23.8
	保障性	国家如果不太平你都不能聚会	9.5	

从具体内容来看，在基督信仰因素中，救赎是认为只有家庭式的聚会才能使自己得救。持此观点的都是家庭教会基督徒（61.5%），反映出家庭教会与三自教会在追求属灵的方式上的不同：家庭教会基督徒认为在属灵生活上自己比三自教会基督徒更具优势，这是因为小点家庭聚会符合耶稣传道的方式，才是正规的。而未持救赎观点的家庭教会基督徒（38.5%）和一部分的三自教会基督徒（12.5%）则从属灵角度出发，认为只要信主就得救，不在于你在哪里信。救赎和属灵这两个因素都表明家庭教会基督徒都不愿意遵守相关的管理条例到指定场所进行礼拜；但与此同时，认为要对政府顺从的基督徒也都来自家庭教会，这表明尽管他们在这一两难选择中有所困惑，但最终他们都会选择宗教信仰，并以此作为自己行动的准则。如有基督徒就认为，官员只是上帝派来管理世上人们，刑罚作恶之人，所以要顺服他们，但是当他们与《圣经》的话相违背时，就不能听从他们，不然就会使圣灵反感（样本11、37）。

除追求属灵的方式之外，家庭教会与三自教会基督徒在其他方面上也持不同观点。在应对态度因素中的行为准则上，家庭教会的基督徒都主张凡事都要以《圣经》上的话为准则，"当它（相关政策）跟神对着干的话，就不能听它的了"（样本11）。而三自教会的口号则是"爱国爱教，荣神益人"，"爱国是第一位的"，有三自教会基督徒就认为只要在信仰上"不信奉其它的神，不敬拜假神，其它的事就自己揣摩"，据此提出"凡是对国家对人民有益的政策就应该顺从"，并认为这也是符合"上帝的要求"（样本1）。

在应对态度因素中，还有个别的家庭教会的基督徒认为相关的宗教事务管理条例只是搞形式，没实际意义，或者公民有信仰自由，国家不应该过多干涉。

政府行为因素中，无论是家庭教会还是三自教会的基督徒，都承认政府扶持的是三自教会，特别是"中央四代人一代比一代对基督教好"（样本7），并认为政府制定相关管理条例主要是出于稳定的考虑。对三自教会基督徒来说，强调遵守国家政策有两方面的缘由：首先，因为国家安定，基督徒才能更好地信奉上帝，"国家兴衰对每个人都有直接关系。如果国家动乱了，谁也不管，到时候偷哩抢哩你怎么出去信"（样本1）；其次，强调自身的合法性，使自己的宗教活动得到承认和保护。但家庭教会基督徒则认为这种做法是错误的，这是因为：一方面，三自教会基督徒是受政府法律管理，当《圣经》与法律冲突时，他们不以《圣经》为原则，而是服从国家法律；而另一方面，从古到今教会都是两派的，家庭教会是属灵的教会，被逼迫羞辱，是得救的教会，而三自教会"自称路宽、门宽，不受逼迫，没有十字架，受政府保护"，但是"不得救"（样本9、21）。对此三自教会基督徒则有自己的解释，认为自己也是信主的，三自教会只是提供一个聚会的场所，讲道也没讲偏一点，怎么会不得救（样本8）。

此外，在对各自教会的认识上，当地家庭教会基督徒与三自教会基督徒的观点也存在明显的区别：首先，在对《圣经》的解读和讲道内容上，三自教会基督徒主张"正意分解《圣经》，不能私自领受《圣经》"，在这一点上他们比较自信，认为三自教会的讲道人"好多都是上神学，都是培训出来的"，有着得天独厚的优势。相比较而言，家庭教会则缺乏相应的教育和组织，"都是自己自发性的，自己领受的"，"讲的方法和三自还是不同"，因而对"有些问题领受片面"（样本1、14）。其次，在历史形成缘由中，一些家庭教会基督徒以及个别三自教会基督徒指出不去教堂参加礼拜聚会的理由。他们或是从教会历史中指出在开放宗教信仰之前，基督徒们都是在家聚会；或是从客观方面着手，为自己的选择寻找合理性依据。

总之，整个认知因素都反映出家庭教会和三自教会基督徒在信仰问题上的主要区别：相比较三自教会，当地家庭教会基督徒坚持因信称义、一切以《圣经》的话为依据，并将其作为他们保持正统性的标志以及划分群体边界的依据，对其意义非凡。下面将结合非基督徒的认知因素做进一步的分析。

非基督徒政治认知涉及的因素进行梳理，结果如下：

表 8-17　非基督徒宗教事务管理中的认知因素（n₂=21）

属　性	内容因素	访　谈　描　述	提及比例(%)（同一因素下）	（同一属性下）
应对态度	服从政策	服从国家的政策	71.4	85.7
	信仰自由	公民有信仰自由，不能干涉信仰	19.0	
	形式做法	这都是形式做法，只要不妨碍社会安定，不必要太在意	14.3	
政府行为	监控	为了国家稳定，国家应该掌握这个基督徒的人数，进行规范	33.3	57.1
	调查情况	摸清情况，调查是否非法再确定	14.3	
	弹性管理	国家对教会管的太宽了，尺度软一些，不强制	14.3	
	宣传条例	宣传条例，让下面的基督徒都了解	4.8	
教会认识	整体评价	基督教中很多内容是劝人向善的，不会危害社会，不反动	23.8	23.8
益处	服务教会	这也是为了更好地管理，服务教会	14.3	14.3

综上表 8-16 和表 8-17，并进行关联分析得表 8-18：

表 8-18　宗教事务管理中基督徒与非基督徒认知因素对比表

	宗教信仰	相关社会观念			
	基督信仰	应对态度	政府行为	教会认识	益　处
基督徒（%）	76.2	47.6	28.6	38.1	19.0
非基督徒（%）	0	85.7	57.1	23.8	14.3
χ^2	25.85***	6.86**	3.50	1.00	—
df	1	1	1	1	—
p	0.00	0.01	0.06	0.32	1.00

　　基于表 8-16、8-17、8-18，对基督徒与非基督徒在认知因素上的人数分布是否存在差异进行独立性检验，2（基督徒、非基督徒）×5（总认知因素）的检验结果显示，基督徒与非基督徒在总认知因素上的人数分布有显著差异（Fisher 确切概率法，$p < 0.001$）。在基督信仰因素中，基督徒与非基督徒的人数分布存在显著差异（$\chi^2=25.85$，$p < 0.001$）。结合具体访谈内容可知，和

材料四、五不同，非基督徒对材料六的政治过程中也涉及到基督信仰，但影响有限。在相关社会观念认知因素上的人数分布，基督徒与非基督徒的人数分布没有显著差异（Fisher 确切概率法，$p > 0.05$）。

通过对比发现，与材料四、五不同，基督徒与非基督徒在某些认知因素的构成内容上出现不一致：首先，在教会认知上，基督徒的认知由讲道内容、行为原则、形成缘由组成，这些都源自家庭教会和三自教会基督徒对彼此差异的评述，属于各自信仰的衍生品；而非基督徒的认知则是他们对基督教的整体评价，与其应对态度相一致。其次，在遵守相关管理条例所带来的益处上，基督徒考虑自己宗教行为的合法性和保障；而非基督徒则偏重于出于社会稳定的考虑，指出应该对基督教的宗教事务进行相关的管理和引导，并认为这也是为了更好地服务教会。但这两个认知因素在基督徒和非基督徒政治认知过程中的性质和作用是相同的：在教会认识上，无论是讲道内容、行为原则、形成缘由，还是教会整体评价，都是对教会活动的认识和评价，属于同一类属，具体内容上的不一致只是由于各自对教会具体情况了解的多少不同；在益处上，无论是合法、保障，还是管理服务，其主题都是遵守条例所能带来的好处，出现不一致的原因在于他们都是从各自的利益出发进行解释。

在应对态度上，非基督徒的提及人数远多于基督徒，且其差异显著（$\chi^2 = 6.86$，$p < 0.05$）。大部分非基督徒（71.4%）主要是出于社会安定的考虑，主张遵守相关的管理条例；而基督徒在这一因素上的人数分布较少，提及最多的行为准则也仅为33.3%，即便在信仰自由上也远低于非基督徒。此外，基督徒和非基督徒都提及服从政策、形式做法、信仰自由。可见无论是基督徒还是非基督徒，都持有"遵守/不遵守"这一对立观点。对基督徒来说，一些基督徒从宗教信仰出发，主张凡事都要以《圣经》上的话为准则，或者有个别基督徒认为相关管理条例只是搞形式，没实际意义，以及公民有信仰自由，不应该过多干涉，从而不愿遵守相关管理条例；但同时还有部分基督徒认为只要在信仰上"不信奉其它的神，不敬拜假神，其它的事就自己揣摩"，据此提出"凡是对国家对人民有益的政策就应该顺从"，并主张认为这也是符合"上帝的要求"（样本 1）。对非基督徒来说，除了大部分主张应该遵守相关管理条例外，部分非基督徒基于对基督教的认识——基督教中很多内容也是劝人向善的，"如果他们危害社会，也违背了他们信仰本身"，从而认为没有必要强迫基督徒遵守相关管理条例。还有非基督徒提出应该放宽对基督

教的管理，尊重公民的信仰自由。如同一位退休的教师说，只要不妨碍社会安定、危害社会、对抗政府，咱也不能干涉人家的信仰（样本13）。

在政府行为因素中，无论是家庭教会还是三自教会的基督徒，都承认政府扶持的是三自教会，并认为政府制定相关管理条例主要是出于稳定的考虑。尽管基督徒和非基督徒都提及政府监控，但不同在于基督徒解释管理的缘由，非基督徒则是出于对政府的建议。此外，非基督徒还提出其他一些观点：对基督徒的管理应该放宽；对聚会等宗教活动进行调查，判断是否合法再做决定；之所以有基督徒不愿意遵守相关管理条例，是因为他们不了解具体内容，所以需要开展宣传工作。

总的来说，地方基督徒在相关管理条例上的态度比较谨慎，不愿过多谈论，呈现出低表达的特点。如有基督徒所说，基督徒应该"专一信神，只说属神的事，不管属人的事"（样本9、12）。产生这种情况的原因可能与基督徒对属灵生活的强烈向往，坚信凡事皆"出于神、依靠神、归于神"的宗教信念有关，这使他们在对政治现象进行认知加工时，特别是在处理冲突性问题时倾向于借助于祷告，依靠上帝来解决问题，而不是像非基督徒那样诉诸于现世的措施；此外，还可能与当地政府前些年对基督教管理较严有关，使地方基督徒不轻易谈及政府事务。

结合田野调查发现，主张遵守相关管理条例的非基督徒对基督教知之甚少，而认为不需要强迫遵守的非基督徒则对基督教有一定了解，其中不乏家人信教的。这显示出对基督教的了解降低了当地居民对基督教发展速度过快的担忧。

基督徒和非基督徒在相关管理条例上的人数分布存在显著差异（$\chi2=7.79$，$p<0.05$）。而且，隶属不同教会的基督徒在这一问题上的认知也大相径庭（Fisher确切概率法，$p<0.05$）：相对于三自教会基督徒（62.5%）多赞同遵守相关管理条例，家庭教会基督徒（100%）则坚持以《圣经》作为自己的行为准则，并据此认为不能遵守相关管理条例。出现这种情况，其原因在于：一方面，对地方基督徒特别是家庭教会基督徒来说，信教是一个"断绝关系"（样本4）的行为，是经过慎重考虑而抉择的，意义重大，因而在涉及宗教管理的事务上倾向于自己的信仰；另一方面，田野调查发现，当地三自教会和家庭教会的群体边界和组织认同都非常明确，其分歧尤其体现在追求属灵的方式上。当地家庭教会基督徒坚持因信称义、一切以《圣经》为依据，

以此作为其正统性的标志,并由此认为家庭式的聚会、传道方式符合《圣经》的描述,才是正规的。相比较而言,三自教会基督徒主要出于合法性和社会稳定的考虑而赞同遵守相关管理条例:遵守相关管理条例能使宗教活动得到承认和保护,这样才有利于教会的复兴和发展;只有社会稳定,基督徒才能更好地信奉上帝,"国家兴衰对每个人都有直接关系。如果国家动乱了,谁也不管,到时候偷哩抢哩怎么出去信"(样本1)。由此可见,这已涉及到两类基督徒的核心信念,导致基督徒与非基督徒以及两类基督徒间在认知结果上都出现显著差异。

第四节 讨 论

结合田野调查和访谈材料,下面分别讨论基督信仰对基督徒政治认知影响的结果,以及地方基督徒政治认知的机制与特点。

一、信仰对政治认知的影响:结果不显著,作用因素有差别

综合上述分析,可以得出这样的结论,基督徒与非基督徒在政治认知结果上的差异并不显著。其原因有:第一,地方基督徒的宗教信仰带有较强的功利性。被调查的基督徒中,绝大多数人是患难信,即为了祈求身体健康和永生才信主的。因此,一旦关系到自身利益,他们大多就会表现出和非基督徒一样的自利性,如在解释自己具有基督徒和党员的矛盾身份时说,当党员是为了自己的前程考虑,而信主则是能得到永生,二者并不冲突(样本34)。这表明她并不深究两种信仰的内在要求,而是一味地追求不同信仰带给她的利益。第二,地方基督徒文化程度普遍不高,对具体教义的内容、含义不甚了解和内化程度不足。这就使他们在处理具体问题时,较多运用社会文化观念,导致在政治认知结果上与非基督徒无显著差异。第三,当地位于伊洛地区,文化传统厚重。在对三个材料的访谈中,基督徒都显示出了与非基督徒相同的社会观念认知因素,且其构成基本一致,证实了他们具有共同的传统性的心理认知结构。

虽然认知结果差异不大,但基督徒与非基督徒认知过程的意义因素却不同。研究1中,基督徒宗教信仰因素作用明显,但随着冲突情境的不断加剧,基督徒和非基督徒一样,民族情感、维护主权的观点开始占据主导地位。研究2中,在利益与教义相一致的归因情形(国家财政有限)中,基督徒与非

基督徒一样，在个体利益得以保障的前提下，其社会观念中的国家意识是他们进行认知的主要依据，而宗教信仰的影响有限；而在给出的相冲突的情形（拨款被贪污）中，基督徒和非基督徒都受到"严惩腐败/容忍"这一对立观念的影响，产生矛盾态度。但在对顺从的解释上，相对于非基督徒迫于权势，基督徒则强调顺服是神的旨意。研究 3 中，家庭教会基督徒深受宗教教义的影响，反对相关管理条例，而三自教会基督徒和非基督徒分别受到寻求国家政策保护以及维护社会稳定观念的影响，多接受相关管理条例。

二、基督徒政治认知的双重观念框架

三个两难故事情境的内容分析显示，基督徒的政治认知受到宗教信仰和社会文化观念的双重影响，且后者与非基督徒政治认知的结构相同。在研究 1 中，宗教信仰因素有爱的法则（爱仇敌）、交托于神、神予启示和神施刑罚（前两个为主要因素），社会文化观念有捍卫手段、民族情感、实力权衡、社会安定、信任政府、民间传说六个方面（前四个为主要因素）；在研究 2 的情形一中，宗教信仰因素有顺服、奉献，而社会文化观念包括集资缘由、思想觉悟、替代方案、收入、政府政策和名声这六个认知因素（集资缘由为主要因素）；在研究 2 中的情形二中，宗教信仰因素包括顺服、刑罚、交托于神和回避，而社会文化观念有反对举措、容忍缘由、政府信任、知情权和腐败认识五个认知因素（前两个为主要因素）；在研究 3 中，宗教信仰因素有救赎、属灵、顺服、交托于神，社会文化观念包括应对态度、政府行为、教会认识和益处。基督徒不仅在社会文化观念的构成因素上和非基督徒相同，而且其重要程度也与之基本一致。这一方面说明当地共同心理认知结构的存在，也说明宗教信仰没有改变其共同的认知结构，这使得宗教信仰和社会文化观念呈现截然分裂的状态。如在研究 1 的访谈中，一名基督徒既坚持用爱的法则，借助祷告来解决冲突；但同时又明确表示，在国家主权受到侵犯情况下，"让咱打就去打"（样本 35）。这表明，宗教信仰未贯穿在基督徒的政治认知过程，更像是在与非基督徒共有的认知结构外，形成一种新的认知框架。

双重观念框架对基督徒政治认知的影响，受到问题情形确定性的影响。在国际冲突中，无论是基督徒的社会观念还是宗教信仰，都包含"强硬/缓和"这一相冲突的因素。在集资修路中，贪污腐败的归因情形下基督徒在相应社会观念中希望严惩腐败，但又因受到基督教教义的影响而从而产生"严惩腐败/顺从"这一矛盾观念，具有不确定性；而在国家财力有限归因情形下，个体权益得到维护，无论是宗教信仰或是社会观念都非常明确，表示积极集资，具有较强的确定性。因而，从集资修路中的国家财力有限归因情形，到贪污腐败归因情形，再到国际冲突背景下政治认知，其不确定性逐渐增大，同时基督信仰的因素比重也随之增大，这在一定程度上证实了宗教信仰对行为的指导作用集中体现在不确定情形中（Hommel & Colzato, 2010）。

尽管问题情形的确定性影响着双重观念框架对基督徒政治认知的作用，但研究发现，它并不是最为重要的，面临问题的性质才是影响信仰作用的首要因素。在信仰过程中，每个基督徒依据皈依基督教对自己的价值，形成不同的"信心"（信仰的坚定程度）。在面临具体的政治事件时，基督徒首先判断涉及到的社会观念与基督信仰之间的关系，再进行相应的认知加工：（1）不关联，社会观念和基督信仰各自指导相关情景的认知加工；（2）一致，主要使用社会观念进行认知，如国家财力有限情况下，对是否集资修路的认知主要依据社会观念；（3）相冲突，则基督徒的"信心"程度决定其采用基督信仰或者社会观念。

三、政治符号的认知图式作用

研究发现，无论是基督徒还是非基督徒，政治认知表现出基于记忆的个体性推论特征。如在评论国家对农民政策时，有基督徒感叹道："党中央的政策那算好得很，历朝历代都没现在好，老百姓种地不交公粮还给你补助钱；低保户、贫困户、敬老院都是国家养活着；天一旱，国家又是打井。你看国家投资多大，作为农民都没啥说"（样本9）。在论述对基督教的态度时，更是有基督徒指出："中央四代领导人一代比一代对基督教好：毛泽东时候是牛鬼蛇神，邓小平时候宗教开放，到江泽民的时候出台了宗教管理条例，纳入国法，到胡锦涛就更好了"（样本7）。正如Bodnar（1989）在其研究中所指出的，记忆在与社会情景紧密相连时，它往往作为一个认知工具，起到解释生存现状的作用。

与历史记忆相关的是，他们常以时间为维度，对比历届政府在相关事件上的表现，从而进行认知加工。这可概括为政治符号认知图式，即记忆中的标志性事件和人物成为基督徒、非基督徒进行政治认知时的认知图式。如，基督徒和非基督徒都在访谈中多次提到毛泽东。对他们来说，毛泽东是论证时一个非常重要的标尺。当地居民大都对毛泽东时代比较怀念，对当时许多方面都非常认同，主要体现在：一是认同当时政府在对外关系中显示的应有强势，捍卫了中华民族应有的尊严；二是怀念当时的社会风气，当官的真心为老百姓做实事，不像现在这么多的贪污腐败，官员只想着自己捞好处，人们也争先做好事，从不留名。一名受访者就指出："现在尽管农民不挨饿，但贫富差距拉大了，到处都是资本家，把毛泽东的一套都推翻了，现在完全是一种形式"（样本 2）。基督徒还表现出把基督教教义与历史人物融合的自我化解释，即用一些记忆中的历史人物或事件来论证自己所持的观点。如有基督徒提到："现在咱们国家婚姻混乱，不按公义、公理、情理，连亲情都不顾了"，而毛泽东时期虽然废除宗教信仰，但"那时候不叫拜假神，不叫偷人，不叫走亲戚，添箱送礼"，由此便认为这些做法与《圣经》相吻合，甚至有些基督徒据此论断"毛主席信，毛主席是公会"。

基督徒记忆下的论证框架，基本上是以时间为维度进行纵向比较，且多局限于当地的历时比较，很少有横向的比较。这与当地居民特别是基督徒相对闭塞，对外界了解不够有关。尽管在个别基督徒所涉及的横向对比论述中，如国外（美国）基督教兴盛、温州地区教会复兴，也多为道听途说，并没有深层次的认识。

四、类比论证和例证的论述方式

地方基督徒和非基督徒在谈及不熟悉的政治性事件时，大多会采取类比论证的方式展开论述。关于国际政治问题，不少基督徒用现实生活中人与人之间的关系来进行类比论证：有基督徒提到国与国之间的关系"和邻间是一样的，这家和那家非常和好的情况下，中间如果发生一点冲突，按咱内部来说，最好的一种方法就是和谈。但如果说，和谈不了的情况下，那肯定要发生冲突"（样本 6）。在使用武力等强硬措施时，有基督徒认为这其实就"像两人闹矛盾，商量不好的话就只能那样打"（样本 33）；在提及争取舆论谴责支持时，也有基督徒认为这"就像两个人之间"有矛盾，"让别人也看一看，征求一下别人的意见"，"要不这样，实际上也是我们的一种损失"（样本14）。

另外，地方基督徒和非基督徒具有论证上的我向性。我向性指个体以自我价值和利益为中心的思维和判断特征（景怀斌，2005）。在对材料进行政治认知时，如果涉及内容与自身利益有关，他们大都会借助于当地相同或类似事件，举例论证自己的观点。如当地的槲叶生产主要出口到日本，是当地不少人的重要经济收入来源。在中日冲突政治认知过程中，不少基督徒从槲叶生产为例论述自己的观点。有些从事槲叶生产的基督徒从自身利益出发，提出和平解决以保证其经济发展。比如，"咱这槲叶的厂全部出口到日本"，直接和自己收入挂钩，"每年都为这事真个劲地向神祈祷"，"不能发展成战争"（样本 8）。同时也有主张对日强硬，其中，从事槲叶生产者认为"日本气候生产不了，替代的代价要高"，可以此作为制裁和谈判的筹码（样本20）；而不从事者则认为"钓鱼岛是长远的"，而槲叶生意"不长远，不知道还能做几年，如果在其它方面又发生争执，人家照样不要你的东西"（样本9）。关于村村通集资修路上，不少基督徒以当地村村通修建事例来表明自己的观点，认为当地政府向老百姓摊钱，基本上都是乱摊派，国家其实把钱拨够了，所以现在政府再让出钱修相关的工程，百姓们都不再相信了。

第九章　结语与讨论

第一节　结　语

　　终极信仰这一概念是开展本课题研究的逻辑起点。公认的信仰体系能决定着隶属文化及其社会的形态、结构、功能和性质，那么处于较大文化社会张力之下的乡村基督教会是探究中西文化差异根源的有效路径。

　　本书在首章旨在解决终极信仰作为精神生活特别是宗教生活的本质所在。终极信仰绝非西方日常用语中的所指，即"被认为是真的命题"。这一定义的错误是将信仰的关节点从超验源泉简化为对逻辑规则与经验证明的方法上，它抓住了信仰的次要特征而丢掉了最为重要的终极性特征。信仰不仅是一种思维方式，更是一种生活方式，它把日常生活置于永恒实体的笼罩中，不仅使人精力充沛，更使人获得人可以从至善的无限力量中获得最深厚充实感这一信念，由此人们可将自己的生活转向最高的精神目标，从而充满力量、觉悟和安宁（Streng, 1984/1991: 59）。为了能更好地将纯粹的意指从琐碎的宗教日常事务中脱离出以及顾及当下世俗化运动所带来的非宗教性质的精神性探寻，本书将终极信仰定义为超越日常生活具有终极性质的对生命意义进行探寻、体验、培育和维持的心理建构。

　　对基督徒而言，皈信基督教带来的不仅是身份上的转变，更引发其心理认知上的超越体验。Coe（1990）指出宗教皈依影响的四个后果：一，皈依是自我深刻的改变；二，皈依的改变不是简单的成熟事情，而是对另一个即将认定的新自我观点的认同；三，皈依这种自我的改变构成人的一生的完全模式的转变，出现新的关注、爱好和行为中心；第四，皈依所带来的新的转变被视为"最高"或是对之前困惑与微小价值人生的解脱（梁丽萍，2004: 18-19）。但对农村基督徒而言，其皈信基督教绝大多数并非出于生命意义的精神性探寻，也并不需要逻辑上的证明，而是实践上能带来益处的结果。这一先天富含的理性选择使得农村基督徒的生活和心理都呈现出典型的圣俗二元分离状态，即皈依这种最典型的决定性认同毋庸置疑带来基督徒在宗教认知上的灵命至上，但在日常生活中却依然保持理性选择的心理惯习，并在宗教生活中常有功利的考量。

康德指出，"人的行动，要把你自己人身中的人性，和其他人身中的人性，在任何时候都同样看作目的，永远不能只看作是手段"（Kant, 1968/1986: 81）。"人是目的的"这一命题指向了人的终极价值。中国本土化基督教会自出现起就主要受到敬虔派和灵恩派神学思想的影响，倾向于从内在属灵角度理解宗教生活，把敬虔与内在生命联结起来。地方基督徒自认为属灵派，对他们而言，终极价值就是读《圣经》，寻求基督且相信他，唯有借着信心才能达到属灵的成熟，从而实现生命和救赎的终极价值。但这一终极价值往往是服务于现世效益和灵命福祉，其宗教活动也多基于此目的，故而呈现出既重属灵倾向又有属世利益、既重圣经本本又有世俗惯习、既重末世思想又有物质诉求。

社会认知是人关于自身以及社会关系的认知，包括自己、他人以及群体三个相互联系的层次。基于此，本书从个体内认知（与神关联）、人际认知（与他人互动）、群体认知（不同信仰群体间）三个层次的内容考查地方基督徒社会认知的现状，分析其社会认知的共享性和特异性。分析发现，基督徒的社会认知受到宗教信仰和社会文化观念的双重影响，而后者与非基督徒认知的结构及其比重一致，在一定程度上证实了国人共同心理认知结构的存在。

宗教信仰作为社会文化的集中体现，不仅会影响到社会上层体制的构建与走向，它也必然会潜移默化塑造着其普通信徒的政治心理。政治生活对基督徒而言是其不可逃避的，不仅影响着他们的世俗生活，即便是在其宗教生活中也处处有着政治的因素。地方基督徒心理上的圣俗分裂使其在国际和国内政治事务中的认知与非基督徒一样，不仅体现在态度上，更体现在构成成分及其比重上。有意思的是，即便是在有差异的宗教管理事务上，除信仰因素外，基督徒的其他的社会文化观念因素的成分及其比重皆与非基督徒一致，从而进一步证实了国人共同心理结构的存在。

本书对信仰下农村基督徒的认知与生活研究的结论如下：首先，在基督徒的宗教生活和世俗生活中，文化传统都有所体现；其次，基督徒的认知反映出双重认知框架的特点，即其认知受到宗教信仰和社会文化观念的双重影响；再次，地方基督徒信仰带有很大的功利性，信仰在某种程度上满足了他们的生存需要，但功利性并不是基督徒宗教生活的唯一依据，信仰的功利性也可以转换为虔诚的信仰；最后，家庭教会基督徒与三自教会基督徒、非基督徒在认知过程中并无区别，表明基督徒并未脱离国人典型的心理行为，对其管理可以纳入到公民的社会管理体系中，对家庭教会的管理应适度和灵活。

第二节　信仰与传统塑造下的地方基督徒

一、基督与中国传统文化间的张力与融合

中国文化的底蕴是以儒家天人相通的天命思想为基础积淀而成，它产生了两个重要的人文特征，一是认"命"敬"天"，二是宗教观念淡薄（徐杰舜，许立坤，2009: 7）。这两特征使得中国并没有形成制度性的宗教，取而代之的是弥漫性宗教，因此在中国的农村地区与日常生活结合最为密切的民间信仰颇为流行。而且，特征还使得国人自古在宗教信仰上并没有固执的成见，不仅其原生宗教如道教很少有争端，对外来宗教也能宏量包容。但自基督教传入中国，其与中国文化传统的冲突一直持续着，成为社会各界恒定关注的主题。

王治心（2004: 19-21）提出，基督教与中国传统文化的冲突大致有七种：首先，中国遵循宗法社会家庭制度原则，祭祖这一崇拜祖宗的习惯有维系家族生存与延续的重大功效，而基督教教义坚守"除上帝外不得崇拜别神"的信条，由此误会发生，基督教排斥祭祖为迷信，而国人则以反对祭祖为忘本；其次，国人对文化传统有很高的自信，但自近代却频受侵略，其中与教案不无关联，故而一般人便怀疑基督教是帝国主义的先锋，引起许多误会；第三，国人浸润于儒佛教义已久，强调伦理纲常与三世因果，而基督教则主张自由平等和现世生活，抨击偶像反对迷信诸端，皆足以动摇两教的地位，因而不免龃龉；第四，中国乡村生活中，每以迎神赛会为唯一的娱乐与团结，且亦认这是个人对社会的责任，而基督徒则拒绝和反对参加此类活动，于是便被

认为是破坏团结的不良分子，甚至会群起攻之；第五，中国伦理以孝顺父母为中心，养生丧死乃是子女的唯一任务，而基督教携来的西方小家庭制度，促使子女与父母的分家，父母死后又不举行追荐祭祀等活动，这一举动往往被认为是大有背与孝道，斥为名教罪人；第六，国人对宗教信仰向来持宏量态度，个人往往可以信仰几种不同之宗教，既信儒，又信佛道，而基督教为保持其独有的本质，对于中国原有宗教习惯予以排斥，故而被视为原有宗教的破坏者；最后，基督教自身也存在被人怀疑的地方，如宗派分立相互攻击、初期教徒借教行私、传教方式与中国礼仪不合等。这七种冲突前六个为中国原因，可归为宗法制度、排外态度、社会迷信、民众团结、道德价值、宗教态度，最后一个为基督教自身的缺陷。

对于基督教在中国社会的未来发展，王治心持乐观的态度。在他看来，上述七种冲突只是发生于表面上的习惯，基督教教义与中国文化传统不仅并无根本冲突，更有相互融通之处，随着社会的发展，基督教的教义逐渐被民众所了解，于是冲突便不再存在。

对于基督教与中国文化传统的融通之处，王治心（2004: 15-19）指出主要有三点：首先，在信仰方面，基督教坚守的一神崇拜在中国古代的对天观念中也存在，即昊天上帝乃是群天之中的至高至尊，主宰万物，与上帝的地位基本一致；其次，在教义方面，基督教爱的律法在中国古代先贤，如孔子、墨子、老子的教训中也都得以体现；再次，在道德方面，基督教主张人生的价值不在于物质而在于精神，其人生观积极乐观，与儒家的主张不谋而合。对基督徒个人而言，爱人如己为其道德标准，悔改信仰为其建德力量，祈祷默念为其修养功夫，这种对精神生活和道德修养的重视在儒家那里是实有过之而无不及。但他也提醒基督教人应当特别注意，基督教中心教义中的复活与永生问题是国人固有习惯中所不熟悉的，应当注意此种教义的发挥。

就本书田野点而言，当地村民在宗教上的包容态度多体现在佛道传统宗教和民间信仰上，而对于基督教则持相对排斥的态度，其最大冲突在于祭祖等祖先崇拜活动上。维护孝亲之道，是维护中国伦理和宗法一体化社会结构的关键。从这一点上看，过去"多一个基督徒，少一个中国人"的口号，并不单单是对外国侵略的反抗，也非仅为政治上的考虑，而是担心基督教所带来的对中国传统社会基石的冲击和颠覆。对比起来，佛道二教之所以被儒学吸收利用，实现合流，原因虽是多方面的，但它们在孝亲问题上不与儒学抵触是为基础和肯綮所在（董丛林，2007: 82-83）。当地人对丧礼的重视程度要远远大于诞生礼和婚礼，老人去世后，所有亲朋好友家都要有代表前来吊唁，在外打工和工作的也不例外，否则会被视为对当地风俗秩序的一次挑衅，而诞生礼和婚礼则不强迫亲临，礼金送到即可。丧礼的重视程度还体现在大操大办上，花销不菲，即便老人在世时并不孝顺甚至没有尽到赡养义务的也不例外。在不少当地人看来，可以"活着不孝死了孝"，但绝不可以草草举办丧礼，因为"大办丧事让活着的人看"。

基督教与中国文化传统的融通之处主要体现在道德方面。道德方面的精神关注是基督教和中国传统文化都关注的一个热点领域，但其实现路径大相径庭，形似而神不似。如自我完善（self-improvement）是基督和中国传统文化中道德和宗教传统的重要目标，但两种文化的着重点并不完全相同。相对于基督文化更关注于个人与上帝之间的关系以及这种关系对个体福祉的影响，以儒家为代表的中国传统文化强调相互依赖以及维持良好人际关系的重要性。曾子曰："吾日三省吾身。为人谋而不忠乎？与朋友交而不信乎？传不习乎？"（《论语·学而》）儒家十分重视个人的道德修养，以求塑造成理想人格。为此，曾参提出了"反省内求"，通过不断检查自己的言行，使自己修善成完美的理想人格。这种内省的方法被认为是实现儒家的基本价值——仁的基本方法（Wang & Ross, 2007: 652-653）。自我完善的实现路径上的关系取向致使国人的心理"尚实际，重经验，讲伦理，长记忆"，但却缺乏"论理的思想和系统的观念"（陈文渊，2004: 1-2），因而儒学到后期不得不从佛教中汲取思想营养以完善自己。基督信仰给出较为完备的终极观思想体系，基督教义宣扬的复活与永生这些有终极关怀的问题恰恰是基督教具有的最大吸引力。地方基督徒由现世不同困境皈信基督后，追求复活永生是其宗教生活的最大动力。

基督文化与中国文化传统各具特质，其异质性要远大于同质性，基督教要在中国发展就必定经过一个真正意义上的本土化。基督教信仰宣扬的是普世性，但它却是基于地域性的西方文化，这构成了一种奇特的组合。当信仰在外方宣道中谋取普世诉求时，其地域性的文化特质不可避免地与当地文化出现冲突，这一张力成为基督教发展的最大障碍。故而，对中国基督教而言，基督教的发展必定是一种去西方化、引入本土化的过程（卓新平，2007: 3）。基督教在特定条件下可以充当世俗文化的载体，这一功用甚至要比其宗教性本身更具吸引力。家族制是传统文化与势力延续的载体，但在基督教传教的过程中也可因势诱导为其所用。加拿大长老会的传教士曾做通一个村庄中颇具影响力家族的工作，不仅使得家族中大部分人皈依基督教，也使村庄内的其他人纷纷加入基督徒（详见 顾求知，1995）。随着社会的变迁，宗法制的社会结构日渐式微，核心家庭凸显，基督教在家族上的传继已演变为家庭内的传教。地方青年基督徒多为受其父母长辈的影响，从小潜移默化接受基督，从而形成全家信，这被当地基督徒认为是最利于灵性发展的家族环境。

基督—中国传统文化的对比研究多依从两个视角，要么立足于基督教神学，认为中华归主，要么立足于中国传统文化，认为主归中华，这使得相关研究呈现出重立场而轻信徒的倾向。就中国基督徒的文化属性而言，应该从自者本位的视角下考量：作为中国人，他们必然被传统文化和地方风俗所塑造；作为基督信徒，他们又被宗教教义及禁忌仪式所规范着。这两种文化对地方基督徒不同身份的建构有着直接的影响，文化间的张力与融合在地方基督徒身上有着鲜活的呈现。

二、地方基督徒所呈现的文化传统

文化传统是代代相传的，它以一种历史的积淀和社会意识的潜质，塑造着社会生活和社会心理的深层，根本影响着人们的生活与心理行为。文化传统的习得过程往往意味着个体内化文化传统的观念、价值和信仰，并依此有意识和无意识地形成自己的个性特征与行为方式。由于存在于"文化之中"的熟悉性，大多数人将其生活的世界视为"自然而然"和"理所当然"，以至于他们普遍认为"所有事情本来如此"（the ways things are），这被英格利斯称为"预反射性"（pre-reflective），认为是所有生活最核心的特征（参见 Inglis, 2005/2009: 15）。对地方基督徒而言，他们和非信教村民生活在同一个环境世界中，这一共享世界是由地方的文化传统所塑造着，因此他们不可避免带有文化传统的烙印，主要有以下几个方面：

1. 传统文化的意识

皈依基督教后，基督徒对其身份认同的一个重要影响便是文化规范的自我意识转变。为维护信仰，基督徒大都认为中国传统文化存在诸多弊端，主要涉及两个方面。其一为思想层面，基督徒认为中国传统文化比较庸俗、不科学，人要用科学角度去看，才能发现上帝。其二为行为层面，在多数基督徒看来，中国文化不妥之处多为传统习俗，如祭祖等违背基督信仰的习俗。基督徒通过对传统文化的否认来合理化信仰，但从另外一个角度视之，否认本身恰恰正说明了传统文化对信徒根深蒂固的影响。

基督文化与传统文化的人为对立，并不能消除基督徒早年社会化过程中的文化传统烙印。对基督徒个人来说，基督教的教义一旦被地方基督徒依据个人的体验和认知加以理解，那么基督信仰在当地就必定与基督教原本的信念有所出入，从而呈现出地方文化的话语。如传教中基督徒会借助与非基督徒的共有知识，来论证基督信仰的合理性，特别是提及文化符码，"毛泽东也信主"、"孔子曾说，朝闻道夕死可矣"。

而对非基督徒而言，基督教的复兴则唤起其文化自觉。在思想层面，有非基督徒明确提出，基督教是西方对中国的文化侵略。如，HB 村何 SY 认为，"中国文化积淀蕴藏的太深，你骨子里就是中国人"，所以，"中国的传统文化到什么时候都不能丢。如果你丢掉了中国文化而去接受另一种新的文化，被另一种文化侵染，那到最后你这个人就会变成四不像"。在行为层面，不少非基督徒都指出，如果葬礼按基督教的方式操办，就会被他们嘲笑，所以当地的基督徒为避免被嘲笑的风险，大部分人是按传统习俗操办葬礼。

2. 传统观念的影响

当地传统观念主要有：重面子、重功名、子嗣观念和家族观念。这些传统观念在基督徒身上也得到充分体现。重功名体现在对子女教育上。子嗣观念突出表现在基督徒的见证中。家族观念的影响表现为，基督徒迫于家族压力而不得不参与祭祖，二程故里和 J 镇李家祠堂对当地基督教会发展的限制。传统观念的子嗣观念和重面子在集资修路中有所体现，为子孙后代考虑和出于面子、好名声而捐款。

在当地人看来，盖新房是很有面子的一件事。近些年，当地基督教会兴起一股盖教堂的热潮。TH 教会在只有 5 万元的情况下，毅然决定建一座新教堂，最终花费 130 多万元。这一举动被地方基督徒认定为荣耀神，并以此增强其作为基督徒的自豪感，而该镇教务组组长更是因此被推选为县两会的会长。HC 乡基督教教务组刘 HP 组长受此感召，拟 180 万修建教堂。当时教务组账上才才几万元，于是便号召信徒们积极捐款，服侍信徒强制要求，教务组成员每人一千五，唱诗班每人八百到一千，非服侍信徒则自愿。由于本乡信徒的捐款金额远远不够，教务组便号召当地信徒到全国各地募款。一个女性信徒在打工地方和当地教会沟通此事，那个教会便捐款两万元过来。每谈及此事，刘组长感叹道，平时说的好的到时不见得行，平时不显山不露水倒见其信心。笔者调查时已筹70多万，来自山西、太原、郑州等地。刘组长说，若有哪个地方教会有意愿捐款，他会亲自去拜访，拿点土特产"意思意思"。

图 9-1　左图：HC 乡筹款在建的教堂（摄影时间：2011-10）
右图：C 镇教会新建教堂因资金问题被迫停工（摄影时间：2014-8）

在建房风气的影响下，C 镇三自教会不顾财务上的困难，也加入修建新教堂的行列中。新教堂的建设于 2013 年 8 月份动工，但到 10 月份就停工，说是天冷怕水泥凝结不好，但过年后一直没动工。笔者于 2014 年暑期再到教会，修建了一半的教堂孤立耸立着，信徒们只有在已封顶的一层中聚会，由于不便，一个月才聚会一次，平常礼拜分散在下面各堂点。当地三自教会信徒对此并不觉得灰心，而是认为顺利使个人骄傲，挫折是神让人齐心凝聚，这生病是一样的，通过这个让信徒感受到与神同在，信徒们才更有信心。更有基督徒提出，听县里牧师说，其他地方盖教堂欠 68 万，有个大老板给 90 万，困难于是就解决了。

《圣经》中说，"我又告诉你们，若是你们中间有两个人在地上，同心合意的求什么事，我在天上的父，必为他们成全。因为无论在那里，有两三人奉我的名聚会，那里就有我在他们中间。"（马太福音 18:19-20）这句话指出两三人的原则就是教会的原则，只要两三个信徒同心合意在主的名里聚集在一起，就为教会，无需依靠外在物质的建筑物，这即为加尔文所言的"不是教堂而是我们自己才是神的殿"。当地教会兴建新教堂之风，显然并不很契合《圣经》中的指导，更似在地方传统观念影响下借助乡民认定的面子之事来荣耀和彰显神。所以，即便是在相对封闭和纯粹的宗教生活中，传统因素也有所渗入，突出表现在"旧瓶装新酒"，即以传统和世俗的形式来表达基督信仰的内容，其他有对联、赞美诗、灵歌等。

3. 信仰实践中的关系取向

相对于讲道者宣称《圣经》的精神是"契约"，有基督徒则提出自己的理解，他认为《圣经》的精神是"关系"。学理上讲，基督徒所要处理的三种关系为与自己、与他人、与神的关系，此观点不仅为学界所认可，而且在当地教会讲道中也提及过。在基督徒的信仰实践中，与他人的关系，即人际关系处于中心地位。表现在：

传教的关系取向。传教要先确定好"关系"，才能取得成效。如有基督徒提出，"和人家聊的得劲了才说。不然咋说哩，说的不得劲了，人家还臭你两句"。

募捐的关系取向。由于当地教会财力有限，所以一旦出现需要用钱的地方，大都先是通过关系较近的其他教会进行募捐。如 ZF 村堂点的房屋为老式土胚房，年久失修，院墙倒塌。由于教会经济收入主要来自基督徒们的奉献，而 ZF 村每月的收入都不足 10 元。为此，前任教务组组长钱 GR 姊妹就到城区教会寻求资助。

组织管理的关系取向。在教会的组织管理中，也是以关系的远近进行的。据了解，镇区三自教堂的守门人由于和教务组长关系要好，才能住在教堂。在日常的交通中，基督徒们大都会带着礼物前往，以拉近彼此之间的关系。此外，从 C 镇三自教会公布的财务看，教会之间常有往来。

4. 张力下信仰与传统的实践融合

无论是在宗教生活，还是在世俗生活，基督信仰与地方文化传统呈现融合趋势。如在葬礼中，由于涉及到宗教信仰的禁忌，当地教会在讲道中屡次提及要保持信仰的纯正性，坚守信心。但在实际生活中，由当地家族观念而形成的社会压力，使得葬礼成为张力下基督信仰和地方文化传统的融合产物。

在皈依后的生活中，基督徒也有意识或无意识地参与到地方文化的实践活动中，主要途径为：一，在世俗生活中，基督徒作为社会人，与人数占优的非基督徒进行日常互动；二，在神圣与世俗的交集中，基督徒作为基督徒，对非基督徒进行信仰互动。前者为弱式，因为只有遵守地方规范才能实现，如谋生、礼情、社会活动、社会关系处理等；后者为强式，只有突出自己的基督徒身份，才使信仰活动得以继续，如传教、葬礼、祭祖等。尽管后者为强式，但它并不能排除传统文化的影响，如要借助于关系的确立进行传教活动等。

费孝通早在上世纪初，就提出传统与西方并存这一特征，"强调传统力量与新的动力具有同等重要性是必要的，因为中国经济生活变迁的真正过程，既不是从西方社会制度直接转渡的过程，也不仅是传统的平衡受到了干扰而已。目前形势中所发生的问题是这两种力量相互作用的结果"（费孝通，1939/2001：20）。这一观点在解释基督信仰与中国传统文化的融合上同样适用。

5. 记忆中的文化符号认知图式

人是符号的动物，所有文化形式都是符号形式，人的本质在于他能通过运用符号从而创造和传承文化（卡西尔，1944/2004：37）。记忆中的文化符号不包括语言、行为符号，仅指记忆中的文化符号象征，其作用突出表现在个体的认知过程中，这可概括为文化符号认知图式。如在政治认知过程中，记忆中的标志性事件和人物成为基督徒以及非基督徒进行政治认知时的认知图式，其中最具代表性是毛泽东。无独有偶，在当地居民评价政治事件时，不少人都提及包公。这些具有代表性的人物为人们在认知过程中提供它所表征的观念，如包公被视为公义的象征。

文化符号认知图式从社会群体经验的整体事件中抽象出来、超越其自身意义而成为持久的象征，它以情感态度为基础进行构念，代表着社会文化中共享的某一观念和应对方式。在面临新的认知事件时，个体依据相似性原则提取记忆中相关的政治符号，利用已有知识经验为其政治认知提供判断启发，从而类推出在新事件中该具有的态度观点。

第三节　地方基督徒的信心与功利

一、地方基督徒的信心

信是基督徒"三德"中重要和根本的一个，它要求对上帝启示和耶稣教诲的信守和信奉。由信而来的因信称义也成为基督教最为重要的教义。因信称义宣称信是信徒得到救赎并在上帝面前称义的必要条件，即称义不是靠外在的行为而是依赖于内在的信心，从而确立了称义恩宠与内在虔信的关联（张志刚，2013：142-143）。在地方公众和个人的敬拜中，《圣经》具有不可或缺的重要地位。"因信基督耶稣，有得救的智慧"（提摩太后书 3:15），指出基督徒不仅要了解知道神，更要相信他。相信神的实现路径为听从《圣经》的指引，"圣经都是上帝所默示的，于教训、督责、使人归正、教导人学义都是有益的，叫属上帝的人得以完全，预备行各样的善事"（提摩太后书 3: 16-17）。《圣经》作为神的见证，只要承认和接受就可得救。《圣经》以神的救恩（耶稣基督）为中心主题，中心内容是"你们查考圣经，因你们以为内中有永生，给我做见证的就是这经。"（约翰福音 5:39），其目的是"但记这些事，要叫你们信耶稣是基督，是神的儿子，并叫你们信了他，就可以因他的名得生命。"（约翰福音 20: 31）

《圣经·新约》中提到"人心里相信，就可以称义；口里承认，就可以得救"（罗马书: 10:10），这即为因信称义的来源，地方基督徒据此认定相信神和知道悔改就是得救之路。这一得救之路尽管被神学家批判为将十字架上的恩典变得廉价，但在乡村环境中却有其优势所在，不仅能容易操练，增强信徒的信心，也更让不信教人的不畏惧慕道，降低福音传播在个人心理惯习上的阻力。

地方基督徒判断信心好的信徒多是依据于外在的表现，主要为对经文的熟知理解程度和服侍同工中的积极程度这两个宗教活动方面。Calvin 理想中的好信徒，内在主要体现为内心对上帝及其圣言的敬畏，外在表现为一种可见的日常生活方式。按照加尔文的意思，个人称义仅是客观地位上的变化，即获得新生，但这仅是开始，下一步信徒主观上经历的自我否定，在这一过程中信徒逐渐明确并借着操练更加确定。在自我否定发展到后面，主要是借着"背负十架"来操练，上帝也会借着苦难来操练敬虔的人成为门徒（Calvin, 2011: 4-9）。

地方信徒不乏对神的虔诚敬畏，也有背负十架的顺服和忍耐，如家庭教会信徒在主日学事件中的态度看法，但限于教义理解以及理性选择上的考虑，他们实现建立在《圣经》教导基础上的敬虔生活方式并非易事。受洗所带来的客观身份及内在生命的变化，使信仰与日常对地方基督徒而言呈现一种分离状态，而其后宗教生活与世俗生活的遭遇则会使分离进一步加大。当地好信徒的评价标准依据宗教生活上的表现，那么敬虔归于宗教生活就显得尤为必要；而对于日常生活中的选择，若不明显与教义违背，地方信徒则多遵循世俗理性的考虑。敬虔归上帝，功利归日常，这一二元分裂的准则成为地方基督徒认知与生活的最大特征。

二、地方基督徒信仰的功利

由于生活在一个由文化传统塑造的世俗生活以及基督信仰塑造的宗教生活纵横交错而形成的现实世界中，中国基督徒的宗教信仰不可避免带有世俗功利性。正如 Hunt（2005/2010: 246）指出的那样，在我们这个物质主义至上的世界，个人的自由选择不会导致一个没有宗教的社会，但宗教至高无上的地位和绝对影响的功能却被不断拉低，世俗化的宗教信仰日益占据主导地位。"功利性"一般是指，"信徒接受和信仰某一宗教的动机，是出于满足个人现实生活中某种直接可见的具体的需要，或是为了获得某些实际可见的物质利益，而不是对教义教理有深刻的理解和认同，更没有抑制和放弃对世俗物质的欲望而去努力追求信仰的超越性和终极意义，而这一点通常被视为宗教的最重要特性之一"（刘诗伯，2006）。针对国人宗教信仰的功利性问题，国外研究者大都认为中国人较为现实，大多不会对自己所崇拜的神寻根究底，其信仰也缺乏纯洁性，而是充满着现世报的功利，都是为了获得某种特定的益处（Granet, 1923 /2010: 136）。就农村基督徒功利性而言，有关农村地区基督教的众多文献中多有涉及，大都持肯定的态度。

地方基督徒的功利性主要具体呈现为两个方面：其一是信仰目的的谋利性；其二是信仰生活的民间化。信仰目的的谋利性和信仰生活的民间化与是功利性的两个方面，后者是前者的形成基础，而前者则是后者发展的必然结果。在传统的民间信仰看来，如果一个宗教是灵验的，必能庇佑信奉者富裕健康，一生顺景，基督信仰目的的谋利性正是由这一民间信仰心理带有的传统功利主义发展而来的（梁家麟，1999: 138）。就目的性而言，当地基督信仰多为地方基督徒在穷途末路时的一根救命稻草，从祷告和见证中以及皈依的缘由中可以看出。正确的信徒祷告有四个原则：当存敬畏的心；当因真正感到自己的缺乏而祷告，也要认自己的罪；当弃绝一切的自信并以谦卑的心恳求神的赦免；当在祷告中抱着信心和盼望（Calvin, 2011: 155-165）。对地方基督徒而言，形式上并没有触动违反的这几个原则，有敬畏、谦卑和信心，甚至他们视信心程度为影响祈祷效果的关键因素。但在祈祷的内容上，当地基督徒往往会带有很大的功利性。C 镇基督徒的祈祷，很少出于心灵的忏悔与自省，多为祈求现世的帮助而祈祷感恩。此外，就最初的皈依基督教而言，试图保持原有的社会资本是影响当地信徒做出宗教选择时的重要因素。这也就是为何地方青年基督徒多是出于保持与其父母和亲朋好友相一致而皈信基督教。故而，信徒皈依时会根据预期的代价-回报率来决定，从而使其收益最优化，其实质乃是一种理性选择的结果（Stark & Finke, 2000/2004: 104）。总之，地方基督徒参与宗教活动、增强其灵命、追求永生，其产生的根源在于基督徒能从中受益。这种个人的获益性，显示出基督徒的宗教信仰具有我向性的性质，即关注于自我，这使其宗教信仰带有很大的功利性色彩。

对于信仰的目的功利性，李 ZJ 组长直言道，"人没利谁早起，没有得利谁信"。功利信的表现除了上面介绍的见证外，地方基督徒口头禅也往往指向了对上帝的依赖，如"向主要"、"得着了"。"向主要"就是有需要的时候，向主祷告，让主赐给自己。当地一名基督徒在谈到为何皈依时，说信主有依靠，"信神靠神，真是有个指望，得难之处没办法，靠个神。有难处跟谁说，不是那个人了，他笑说你"，并认为，"你信啥靠啥"，"一心一意，不能三心二意，要坚定"。在他们看来，"向主要"是因为身体还在这世上，既然是被神拣选的，合他的意，神就会祝福你。可见，无论在其世俗生活还是在宗教生活中，地方基督徒的行为多以理性工具心理维度作为依据。

其次，宗教生活的信仰民间化主要体现在民间信仰对当地基督徒宗教生活的影响以及当地基督徒对民间信仰的包容上。农村信徒非常注重信仰的即时效验，强调主观感受过于客观真理。他们尊重领袖权威，相信天人合一的观念，故人间存在着与神明直接契通、拥有特殊法力的神人（梁家麟，1999：186）。对当地基督徒而言，其宗教生活常常将信仰功效进行神化，这主要体现在对神迹、有权柄信徒的表述以及通过信仰达到求子、医病等目的上。而对于信仰民间所形成的地方风俗上，当地基督徒在不触犯最根本教义信念的前提下，多会接受民间信仰的做法，如不少信徒在子女婚嫁时核对八字的契合程度，更有一些信徒请风水先生看宅地坟地。他们的出发点毋庸置疑是为了对后代有利，但需注意的是导致他们如此行为的根源是对这些民间信仰功效的认可，虽然当地信徒并不愿意承认。

农村基督教的信仰民间化被学者们认为是没有办法完全纯粹化和真空化，甚至有些学者指出需要加强农民信徒的素质以克服和消除，但依从本位视角，我们应看到它有其生存的空间，它不仅能带来现世的福祉，也可作为降低基督信仰与地方文化传统张力的一个有效减压阀。为此，我们应看到起积极的一面, 对信仰民间化有利于改善信教农民的生存空间持相应肯定态度, 而不是一概而论先给予消极负面的标签。

三、双重依赖的应对方式

个人的生活世界是由他们所属的不同群体中所有相互交织的文化力量组成, 并且由他们生活其中的社会语境所构建 (Inglis, 2005/2009: 15)。对生活在圣俗分离世界的基督徒而言, 他们行为的应对方式往往也体现出这一点: 当遇到信仰问题时, 遵守其信仰的要求和准则; 当处理现实问题时, 则以自己的现实利益为目的。可以说, 地方基督徒的信仰更多解决的是精神层面的问题, 追求拯救和永生, 而非现实生活问题。与非基督徒相比, 基督徒处理现实生活问题的动机和方式与非基督徒一样, 即使自身利益最大化, 只是比非基督徒多了解决其精神世界问题的基督信仰, 且为其行为提供一个解释的框架而已。

当地有一名开理发店的基督徒, 她被认为是那一带信得好的。有次, 一个有智力缺陷的人去她店里理发, 理到一半, 那人拿出两块钱给她, 说家人就给这么多。由于这钱不够她正常的理发费用, 所以她就告诉那人给他理过之后, 不能按正常程序给他洗头了, 让他回家洗。而且不断埋怨其家人知道行情。家庭教会负责人韩姊妹是一家裁缝店的店主。听当地一位王姓村民讲, 有一次她出于好奇和韩姊妹一道去聚会。当自由祷告时, 她发现韩姊妹跪在地上, 痛哭流涕的在说着什么。之后她问韩姊妹当时在说些什么, 韩姊妹的回答是: "我觉得你们这些不信的人太可怜了, 所以我在为你们祷告, 希望你们能早日明白神的爱"。韩姊妹的这些话, 让这名非基督徒表示当时觉得很感动。之后, 有一次她有条裤子的拉锁有点问题, 想让韩姊妹帮忙修理一下, 但韩姊妹以自己的机器还是新的, 不想做这种活为由, 拒绝了她的要求。这让她觉得基督徒也不过如此, 还是像普通人一样, 不愿为别人牺牲自己的一点点利益。远不像她当时祷告的那样为了希望改变别人的处境, 而痛哭流涕的虔诚祷告。

以理性的考虑来指导日常世俗生活在当地基督徒中普遍存在, 从而使基督徒在属灵和属世中呈现出截然分裂的心理系统。而这种分裂的状态, 在当地非基督徒看来却是信的好的; 而对于在属灵和属世生活中都以宗教信仰为指导的基督徒, 尽管基督徒评价其信的好, 但在非基督徒看来, 则属于"魔怔",不懂人情世故,不知赚钱养家;对于在属灵和属世生活中都以工具理性指导的基督徒,会被其他基督徒认为"信的瞎"。

四、信仰功利性的转化

随着基督徒从宗教信仰中不断获益,形成持续性的强化,其信仰的坚定程度也随着加深。此时,一些基督徒开始脱离最初信仰的功利性,在面临一些具体的问题情景时,以宗教信仰来知道自己的认知和行为。甚至在违背当地习俗观念,危及自由时,也会选择遵守自己的宗教信仰,如因主日学而被捕的家庭教会基督徒。这一转化是基督徒将宗教教义内化为坚定的信仰并作为他生活的主要动机,类似于从制度宗教转向个人宗教、从外在的宗教倾向转向内在的宗教倾向。但转化的比例较低,尽管这一行为得到基督徒们的认同和赞誉,但绝大多数基督徒在实际生活中还是遵从功利性的考虑(见下图)。

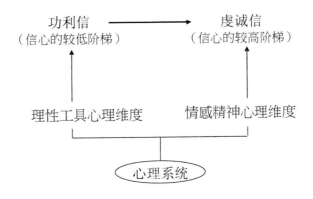

图 9-2 信心转化的心理机制图

基督徒信心转化的基础在于其依赖资本的变化。基督徒的宗教生活基于灵性资本,他们的世俗生活则是基于权力、经济和文化这些世俗资本。灵性资本和世俗资本各自发挥作用的场域有别,使得基督徒的生活和认知呈现出神圣-世俗之分。宗教徒的灵性资本可能具有全能资本特性,在有些语境下,若基督徒的信心发展为虔诚信仰,宗教信仰主导的情感精神心理占据绝对优势时,信徒的灵性资本转化为形式不同的世俗资本,他的基督徒身份和资格几乎在所有情景下具有显著性,他所有的生活就会被宗教资格所主宰,而世俗生活就被废弃,此时他的灵性资本就转变为生命资本(参见 方文,2009)。

从信仰的历程看,基督徒敬信的每一个阶梯都有一种特定的"信心"与之相对应：起先的不信主，基督教的教义对其来说毫无意义，是不敬信的；信仰初期的功利性，基督教的教义接受多为被动式，理解也多基于个体过去的知识经验；信仰高阶的虔诚信，主动探寻基督教的教义，并以此指导其认知，规范其行为。这一阶段是基督徒在生活中获益而形成对上帝的信任和忠诚性的情感，这种情感在与其他基督徒间的互动过程中得以强化，以至于被一些基督徒视为行为的最高准则。

第四节　地方基督徒认知机制：双重认知框架

文化是一个包括一系列共享意义的集体现象，这些共享的意义为一个人群理解社会现实、调整自我在集体生活中的活动以及适应外部环境提供了共同的参考框架。在此意义上文化是一种社会心理学现象，它可以有效调节社会中相互依赖个体间的活动，以确保自己群体作为一个整体适应环境并创造出和谐的及生产性的社会生活（Chi-Yue & Ying-Yi, 2006/2010: 18-23）。在交织复杂的不同文化语境中，个体往往会应用彼时占支配地位的文化知识来组织他们的经验，指导他们的生活实践。对基督徒而言，由于他们生活在圣俗分离的不同世界中，在这两种不同的世界中基督文化和文化传统各自发挥着主导性的作用，这使基督徒的心理和认知在神圣-世俗的不同生活中呈现出不同的认知原则，这一现象我们称之为双重认知框架。

一、机制：双重认知框架

双重认知框架在基督徒的整个生活中有着不同的适用范围，基督信仰框架指导基督徒的宗教生活，而社会观念框架指导其世俗生活。无论是田野调查的材料还是对基督徒的政治和社会认知的研究，都表明地方基督徒在进行认知过程中，受到宗教信仰和社会文化观念的双重影响，且后者与非基督徒政治认知的结构相同。这在一定程度上说明了当地居民共同心理认知结构的存在，同时也显示出尽管宗教信仰对基督徒的影响有限，并没有使基督徒的认知与非基督徒有显著的不同，也没有改变或者渗透到其他认知因素之中，但在具体的认知过程中有着一定的影响。特别是当涉及到对地方基督徒意义重大的问题时，其作用更为显著，如在宗教事务管理中。

究其根源，基督徒双重观念框架的作用机制取决于基督徒的意义评估（meaning appraisal）。意义是人的心理活动的本质和核心，对意义的寻求是人的基本需求以及在日常生活中的普遍动机，意义评估又分为整体意义评估和情景意义评估两个层次。整体意义（global meaning）指向终极价值，用以解释自己存在的价值和生命的意义；情景意义（situational meaning）指在日常生活中，个体根据整体意义对具体事物进行的意义评估。信仰、价值观、人生目标和心理一致感是个体整体意义的核心来源，其中又以信仰的地位最为重要，其他来源都根植于信仰之上。信仰处于人精神世界的深层，作为人的心理核心，它不仅影响着人的世界观，也影响着人格的性质和人际交往的方式，并根本性地影响着人的认知与行为的性质和走向。美国心理学家弗洛姆认为，个性是基于价值观念之上的稳定的行为方式，个性结构是取向和信念体系在人的心理上的表现。因此，在个性背后的价值观念系统中，其核心作用的是终极信仰。此外，终极信仰还根本地决定着个体的意义建构，它是个体用以建构世界本质的基本内部认知结构，通过影响个体诠释现实的基本方式以及通过构建个体的总体目标从而引导人的一生（Cacioppo, Hawkley, Rickett, & Masi, 2005; Park & Folkman, 1997; Park, 2005; Skaggs & Barron, 2006）。总之，信仰是构成个体经验、信念、价值观和行为最重要的因素，决定着人的行为的性质和走向。

源自基督信仰的一些观念不仅推动和强化地方信徒的宗教生活，更是给予地方信徒能获得满足的意义。在具体情境中，宗教信仰为基督徒提供相关信念和动机，影响其具体情境意义上的评估，从而形成不同的价值感受和情感态度（Park & Folkman, 1997）。在认知具体的问题时，个体在整体意义的影响下，特别是信仰的影响下，对具体事物进行意义评价从而获得不同价值感受的过程，即"赋予意义"。当基督徒的信心非常大时，信仰成为基督徒在进行认知活动的核心，在这种情况下，他们进行认知活动的最终和根本性的目的都是为了捍卫自己的信仰。在田野调查过程中，关于是否对当权者顺服问题上，笔者询问几个属灵的家庭教会的基督徒，如果仅仅由于参加家庭教会的正常聚会而被捕，是否应该为自己辩护。他们认为这是不能的，因为当权者是神所任命的，顺服奖善罚恶的执政掌权者是神的命令，应该顺从当权者，即使自己遭受苦难也是神对其信心的试探。笔者提到保罗就曾为自己申辩，遭到他们的断然否定，认为不是这样，当时保罗只是做了自己为何信主的见证。于是一起查询《圣经》，在《使徒行传》中明确写着"保罗辩论"。他们随即就认为这是由于保罗自身软弱，神并不喜悦这么做的。在这里，进行说理的逻辑性对他们而言并不重要。

　　根本地影响个人进行"赋予意义"的信仰，并不仅局限于像基督教这样的宗教信仰，它应该具有更广泛的含义，即在第 1 章所给出的终极信仰的含义，即终极信仰一般指超越日常生活，涉及生命意义、生死参悟和个人整合等主题，具有终极关怀性质的个人心理建构。如在对崇尚科学的一名退休物理教师进行访谈时，说到有一些基督徒在过世后身体没有僵硬，下面不少基督徒认为这是上天堂的征兆。听过之后，这名教师认为从科学上无法做出解释，便断然否认。笔者告诉他曾亲眼见过，他还是认为绝不可能。而在自称信主信心更大的属灵的家庭教会中，笔者问起同样的事，有两个基督徒认为是有不少这样的事，但身体发软并不像许多基督徒所说的那样是上天堂的征兆，因为一些不信主的人去世后身体也不会僵硬。在这两位家庭教会基督徒看来，信主主要是罪能得赎、永生，神迹只是让不信的人认识神，并不重要。之所以出现对同一件事认知上的不同，是心理意义评价中对这一事件"赋予意义"的不同造成的。否认征兆对那两位家庭教会基督徒来说并不消弱其信仰，但对物理教师而言则危及其自身的科学信仰。

　　此外，对处于文化困境中的中国农村基督徒来说，他们的信仰和意义系统并不只有基督信仰在作用，地方社会文化也有重要的影响。在基督信仰与文化不关联特别是一致的情形下，社会观念和基督信仰都对政治认知产生影响。此时，基督徒的认知加工多依据社会观念，如在国际事务政治认知过程中，如果涉及国家领土和主权，76.2%的基督徒便主张采取强硬举措，而非基督信仰中的爱仇敌。通过地方社会和基督信仰两种不同的文化参与，基督徒不仅具有与非基督徒相同的意义观念系统，还形成基于基督信仰的、异于中国社会文化的意义观念系统。这一双重的意义观念为基督徒理解社会现实提供了参考框架，组织其知识经验，指导其生活实践。在面临具体情景时，基督徒根据情景线索激活意义观念系统。

二、运行：二维心理系统的互动

　　个体在具体情境中的意义评估为个体的理性工具和价值情感两个心理系统的互动关系所决定。人的全部心理活动，可分为理性工具和情感精神二元心理系统。所谓理性工具心理，是指个体心理以效率、理性为标准或功能，如做事追求效率、习惯以有没有用处来评价事物；情感精神心理则是以人生意义和人生目的为标准或功能，如追问生命的性质是什么？生命的目的是什么？生命的显著价值是什么？在二维心理系统中，情感价值心理为人的信仰所决定（景怀斌，2011：33-34）。在基督教的生活世界中，无论是宗教生活，还是世俗生活，都包含理性工具和价值情感这两个心理维度，但整体而言，宗教生活倾向于情感精神，而世俗生活则倾向于理性工具。在加工具体信息时，如果价值情感心理维度占优势，基督教教义的意义赋予更多，那么基督信仰成为基督徒政治认知活动的核心。如在政治认知中，材料六中家庭教会基督徒坚守自己的信仰而不惜违背相关条例；如果理性工具心理维度占优势，则基督徒的政治认知则更多是为了维护个人的利益，这在材料四、五中充分体现出来。整体来看，在本研究中基督徒的政治认知是先工具理性、后情感精神，这种心理趋向使地方基督徒在信仰上表现出明显的功利性。

二维心理系统对基督徒的影响是根据具体的情景而定的，其运行规律为：（1）无论在宗教生活，还是在世俗生活，理性工具上的考虑是首选的。其运行的表现大体为，先满足物质生活的需要，继而追求信仰上的自我实现。这种先工具理性，后情感精神的心理系统趋向使地方基督徒在信仰上表现出非常明显的功利性。特别是，多数基督徒以基督信仰来指导自己的宗教生活，同时又以物质利益为首要原则指导自己的日常生活。如呈现二维分裂的基督徒行为依据。（2）如果不涉及到物质利益，只在情感精神维度上，基督信仰和社会观念出现冲突，此时，基督徒多采取重新诠释的方式以使其达到一致。如社会认知研究，材料一中，有基督徒把依靠医学治病认为也是神的旨意而非信心不够的表现；材料三中，有基督徒认为传教也需要遵守传统观念和习俗。这种现象在几名党员基督徒身上表现的尤为明显，他们在解释自己具有基督徒和党员的矛盾身份时说，当党员是为了自己的前程考虑，而信主则是能得到永生，二者并不冲突。这表明她们并不深究两种身份内在的信仰要求，而是一味地追求不同信仰带给她的利益。

二维心理系统的运行机制建立在个体的记忆基础上，其动力和向量由个体情绪的强度与性质根本影响着。在面对具体情景时，个体往往提取记忆系统中可用的易得信息对问题作出解释并依此决策和行动。可以说，记忆作为一个认知工具，它往往与社会情景紧密相连时，起到解释现状的作用，个体可依此作出决定，从而指导其外部行动（Bodnar, 1989）。地方基督徒在认知过程中，类比论证和例证方式是他们常用的策略，而这正是利用储存在个人大脑长时记忆中的历史经验，特别是自我经历，类比当下情境从而做出决策。

情绪给记忆中的每个认知项目都被赋予了情感色彩，当个体在加工新的问题时，他往往结合其情感因素直接得出结论；信息加工完成后，这些情感因素会随着相应的项目储存在长时记忆中，并影响随后相关的认知。若这一情感色彩的强度达到一定程度，就极易促使个体形成偏见，不仅让他做出较为武断的判断，而且还令个体花费更多的时间去加工与他既有情感不一致的信息，并影响到他对新信息的寻求（Redlawsk, 2002）。就人的心理过程而言，记忆中情感相似的材料联结在一起，如果激活某一积极或消极的单元，那么其他积极或消极的单元也会自动被激活，由此不同情绪会影响认知过程的不同变化（尹继武，2006）。相比较非信教的村民，基督徒的认知过程更容易受到类比例证以及情绪的影响。这是因为，在宗教范围内，情感起首要作用，且宗教信仰往往要倚仗具体的事例（James, 1902/2008: 157, 312）。对地方基督徒而言，宗教的情感是通过基督教的教义影响而呈现出来的，如启示录、耶稣死而复活、天堂与地狱、惩罚与救赎等，这些教义对他们有重要的吸引力，是地方基督徒坚守信仰信心、对神虔诚膜拜的源泉。总之，二维心理系统的运行机制需要具身于具体情境与个体情绪的交互作用中展开剖析。

三、运用：心理健康的维护

基督信仰对信徒的心理健康有积极作用，既然二维心理系统左右着人的全部心理活动，我们下面以此视角试分析之，意图能对国人心理健康的维护有所启发。

个人是心理健康的基石和归宿，各种途径和手段最终都是要通过个人来实现的。对基督徒而言，由于其皈依宗教天然具有终极信仰，信徒个体心理的维持更多偏重于精神信仰层面。信仰在心理健康中的作用已不断得到科学研究的证实（参见本书一、二章的第一节），其在当代心理健康和治疗领域的重要地位已被认可。究其过程而言，终极信仰对基督徒个体心理健康的影响是通过意义－认知路径来实现的。终极信仰根本性地影响着人的认知（参见本书第二章第二节），并通过对认知的影响维持个体的心理健康。例如，宗教信仰能使基督徒认为世上发生的一切事情都是神的安排，都是有意义的，从而更能接受不确定性的存在。在信仰对认知影响的过程中，终极信仰通过影响整体意义进而左右着个体在具体情景中赋予事物的意义，最终影响个体的认知和行为反应（见下图9-1）。

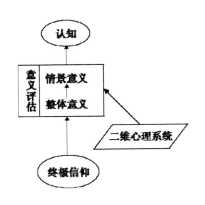

图 9-3　信仰影响机制模型图

在意义评价过程中，如果个人多受到理性工具系统的支配，价值情感系统非常薄弱，那么他的心理健康就会受到损伤。宋兴川等人（2004）研究了精神信仰与心理健康的关系，结果发现太关注自我实际利益的受调查者，往往会敏感、强迫、抑郁和焦虑；与之相反，关注生命主义信仰的受调查者，则能主动调节心态，因此心理健康程度往往很高。随着正确认识到信仰对人的心理的根本性影响作用，信仰本身的健康状态也日益受到重视。信仰的健康状态称为信仰健康（Spiritual Health），它被认为是人们所有的健康与幸福的根本层，用以整合其他健康的层面，如生理、心理、情绪、社会及职业的层面。西方很多国家早已注意到信仰健康的重要性，大多有建构完善的教育体系与具体的执行策略，有关于信仰健康的议题，更常在期刊及研讨会中被热烈讨论。有关信仰的能力探讨发展出"信仰智商"（Spiritual Intelligence）这一概念，它是评估人类行为或生命之路是否具有意义的智慧，被认为是除 EQ（情绪智商）与 IQ（智商）外第三个同等重要的"Q"。可见，信仰与心理健康程度息息相关，清晰健康的信仰往往会有好的心理健康程度，而模糊混乱的信仰则心理健康程度较差。

加强终极信仰的培养及重视它在心理健康中的作用，与我国当代时代精神的需要相吻合。我国社会目前还处于转型期，社会理想和社会道德价值不断弱化和偏离，使得人们面临着史无前例的精神冲击，信仰模糊、信仰缺失、信仰倒退和滑坡，精神支柱和奋斗目标丧失，尽管民众物质丰富了，却不幸丧失了意义，享乐主义和极端个人主义滋生和膨胀现象屡见不鲜，而这已成为个体心理出现问题的一个重要原因。信仰是维护身心健康的有力源泉，人们要重新反思人生的意义和价值，如"人为什么活着"、"人活着的意义是什么"、"人应一该怎样活着"等，重塑整个社会的价值观念和人生态度，让情感价值维度在心理系统中占据优势地位，进而为意义评估提供健康的信念、动机、价值观。当遇到诱惑、困难和不良现实时，就不会只运用理性工具心理系统，过多考虑个人利益的得失，他会优先遵循精神情感心理系统，平衡个体利益与国家、集体利益的关系，在个人得失和各种社会思潮面前才不会出现心理失衡，由此可见终极信仰在重塑当今中国社会精神与健康发展的重要性。

第五节　基督教会的社会管理

基督教会的社会管理要正视在"文化"和"社会"的历史与政治割裂造成的矛盾张力。政治因素在基督教与中国社会文化的关系史上始终具有重要的制约作用（董丛林, 2007: 221）。民国教育家蒋梦麟曾戏言："如来佛是骑着白象来到中国，耶稣基督却是骑在炮弹上飞过来的"，这句话代表了近代中国社会各阶层人士对基督教的基本判断（雪菲, 2008）。传教士虽在中国近代现代化进程中有积极的作用，但其客观上确是催化了中国的半殖民化进程。"传教士在中国的活动是一个复杂的现象，他们既是一股宗教力量，也是中国近代以来实现现代化的一个催化力量，同时也是中国社会传统结构和传统文化的一股破坏力量。"（卓新平, 2005: 75）随着我国基督教会三自爱国运动的开展，国内基督教会与近代传教士的活动并无直接传承关系，但基于民族的集体记忆，还有不少国人仍视基督教为帝国侵略的一个象征性符号，视皈依基督教为去中国化和背祖忘宗的行为，"多一个基督徒，少一个中国人"的历史观念依然遗存。目前，中国正走在民族崛起的大路上，民族记忆中的屈辱史多少有了平复，可以客观去看待这一问题。近年来国内学者开始认识和承认近代传教士的传教活动并未完全都是侵略，而是天赋使命所致，尽管客观上带来了国外势力的入侵。要实现对基督教的客观看待和对基督教会的科学管理，基础在于克服民族的自卑情结和民族民粹主义，回归理性和现实，为中国基督徒创造平等的政治与社会文化关系。

一、地方基督徒的政治心理

《圣经》提出来一个深具影响力的二元政治态度，即"该撒的物当归给该撒，上帝的物当归给上帝"（马太福音 22: 21）。这一态度塑造着基督徒的政治心理，赋予他们在政治价值取向、政治态度和政治情感上的特征，形成基督徒特有的一种深层次的政治文化积淀（丛日云，2003: 1-3）。而且，二元政治态度还有可能使基督徒产生信徒－公民困境。对基督徒而言，其在政治生活的典范身份有两个：作为国家的公民和作为信徒的宗教徒。若他们对宗教共同体的忠诚超越对政治体的忠诚，就会出现信徒－公民困境，成为政治体的离心力量，从而对社会转型中的中国国家建设构成严峻挑战（参见　方文，2009）。

在实践生活中，地方基督徒正是通过政治二元主义精神将政权与信仰分归于世俗和神圣，这种归类造成其在政治心理上的矛盾状态：一方面他们和普通民众一样有着自己的政治诉求和参与意识，但信徒身份让他们远离政权和顺服政权；另一方面他们为政权存在提供了宗教意义上的合法性，但同时又将政权排除在信仰之外，拒绝政权对其信仰的影响和干涉。而就基督徒的公民困境，本书政治认知和社会认知的相关研究反映出农村基督徒与当地村民的认知态度上基本一致，其社会认知框架与村民的认知结构及其比重完全一致，而基督信仰并未发挥显著性的影响，多作为其问题解释的备选框架。这一现象与地方基督徒信仰多功利息息相关，生存压力迫使工具理性心理系统不仅在他们的世俗社会中占据绝对优势地位，还影响到其宗教生活中的态度、观念、认知和行为。

总体而言，地方基督徒的政治态度和当地村民并无二样，在政治知识上的获取及准确度都不足，政治情感态度出现分化现象——对中央政府的信任和好的感官和对基础政府的不信任和不好的感官，政治效能感较差；政治关注和政治参与不高。相对而言，地方基督徒的政治态度更为冷淡，政治心理呈现出内缩—超越的显著特征，在政治认知上具有低信息—低表达观点的特点，表现出对属灵生活的高度向往以及对政治实践的较低兴趣和参与。这一现象的根源在于国内信徒倾向于保守的基要主义神学观，注重个人的灵性及其与上帝的交通上，且强调对《圣经》的理解和字面意义。这种倾向对家庭教会尤为如此，他们更不关心政治，视之为世俗当权者的份内事，多持政治冷淡态度。

二、两类教会间的互动发展

1. 家庭教会的聚会方式

近年来，家庭教会迅速发展，特别是在农村地区的发展，已引来民众、政府和研究者们的关注，其中的焦点在于家庭教会基督徒的聚会方式上。

对比当地三自教会和家庭教会，它们的基本地域单位都为聚会点，其不同在于：第一，三自教会的聚会场所为合法审批，数量和地点固定；家庭教会的聚会点自发组织，随意性相对较大。第二，全镇三自教会的中心单元为镇区堂点，其他堂点较小，是镇区堂点在各处的分部，是"根"与"枝"的关系，全镇三自教会基督徒每周日到镇区教堂的定期礼拜行为将地方教堂与中心教堂制度化地联结在一起；家庭教会的主日礼拜都分散在各处，联结全镇家庭堂点的方式仅为每年一次各堂点负责人的交通会以及家庭信间的互动。相比较三自教会通过制度化宗教活动的而呈现出一个严密组织，家庭教会仅是通过信仰而联结在一起的松散组织。

但正是由于是一个松散的组织，每个聚会点的人数相对较少，成员之间联系更为紧密，即它的内部网络密度高；且曾受到逼迫，隐蔽性强，正处于三自教会和地方政府的孤立与管制中。这些都使得家庭教会的内部联系比较紧密，对其成员的要求要更严格，与当地社会文化环境之间的张力相对更高，这些都使家庭教会具有更强的凝聚力。

2. 家庭与三自：从对立走向包容

在调查中，三自教会和家庭教会出现众多不一致的地方。总的来看，家庭教会与三自教会分歧的根源在于，家庭教会基督徒坚持因信称义、一切以《圣经》的话为依据，而三自教会基督徒则主张"爱国爱教"，在政府的管理下进行宗教活动。这种分歧使家庭教会基督徒坚信自己信仰的正统性，认为自己在属灵生活上具有优势。即家庭教会的路窄，但得救的机率大；三自教会的路宽，但得救的人少。对于家庭教会而言，其潜在的行为规则就是不能和三自教会的人来往，如果有来往就会被视作叛徒。

随着信仰时间和程度的不断加深，家庭教会基督徒与三自教会基督徒之间的敌对正在逐渐减少，并呈现包容趋势。在家庭教会中，孟 YX 所在的家庭教会成员在传教的时候，只是说信主如何好，但对于自己是家庭教会这一点一般不提。如果有人愿意信，她自然会带着这个人去家庭教会里面，使他慢慢融入到她们的集体。孟 YX 的女儿崔 YH 和其二嫂叶 GL 作为在 S 县城长期居住的 C 镇人，平时在县城是到县区教会礼拜，其中崔 YH 还在教会中担任主日学的老师。如果回 C 镇，她们就会和家中亲人一起到当地家庭教会聚会。虽然当地的三自教会和家庭教会是对立的，但是她们这样往来于两者之间，也没有什么障碍。尤其是崔 YH 的母亲在当地是坚定的家庭教会基督徒，向来不愿意与三自教会有任何往来，但她却能轻易接受自己的女儿来自县城的三自教会。叶 GL 和崔 YH 在 C 镇和县城会选择不同类型的教会，这在她们看来是可以理解的，因为大家都是信主的。对此，孟 YX 认为，三自教会"那里面也有真信的"。在三自教会，李 ZJ 组长就说，三自与家庭没有什么区别，只是三自教会是用一种手法，就是通过政府允许，好像外层次有一个保护伞一样，人家国家允许你搞这个。XZ 县的一个牧师就说，"家庭教会是好的，三自应该让彼此多沟通、交流，共同为上帝传播福音，共同于上帝面前朝拜，歌颂其功绩。"所以，加强他们之间的沟通有助于消除他们之间的隔阂。一些信心好的基督徒在谈及三自与家庭教会时，也都认为两类教会之间并没有本质上的区别，"只要是敬畏上帝没有异端的都行"，"不违背《圣经》就可以"。这表明，随着信仰时间的增加和信仰程度的不断深入，两类基督徒对彼此之间的不同更容易接纳，由最初的绝对的价值判断转向一个相对的价值判断，认为他们都"信仰一位神"，"实际上都得救"。

前面社会认知和政治认知章节给出实证的证据，家庭教会基督徒与三自教会基督徒在对政治事件和社会文化事件的认知和态度高度一致，其分歧仅出现在聚会方式与是否接受政府的管理上。在对一些大学生基督徒的访谈中也发现，无论他们隶属家庭教会还是三自教会，其在属灵生活中的理解高度一致，比如都要求配偶是基督徒，每天读经祷告，对三自都持友好态度等。不同于有研究者将三自/家庭教会当作对立两极，特别把家庭教会描述成对三自充满仇恨，而事实上并非如此。

在实际生活中，随着 C 镇当地政府宗教管理的逐渐放松、两类教会之间直接冲突事件的消解以及平衡局面的确立，家庭教会和三自教会中较为熟稔宗教教义以及较为理性的基督徒，都主张消除他们之间相互敌视与偏见，纠正自分裂以来所形成的刻板印象，逐渐趋于相互理解与包容。但其发展趋势而言，其隔膜在一段时间内并不能消除，其根源在于双方能否完全以《圣经》作为自己的行为指南和标准以及由此延伸出来的与政府的合作态度与方式上达成一致意见。

三、家庭教会的社会管理

相比较三自教会，社会对家庭教会管理更为谨慎，不仅在大方向上持模棱两可的态度，且在具体事件上一些地方也偏于严厉。

　　家庭教会与外部社会文化的环境之间的张力相对较高，其带来的结果是其成员的归属感和委身程度也高。对家庭教会信徒而言，家庭教会群体资格的身份具有积极认知 情感 价值的意蕴，这使得家庭教会信徒对其宗教群体资格的认同感及其凝聚力要好于三自教会信徒和非信教的村民。三自原则的目标定位有利于教会自身的发展和政府的社会管理，但它和农村信徒的信仰实践生活并不直接息息相关。这一点是家庭教会信徒尤为不赞同的，他们崇尚《圣经》本本主义的唯灵观念。这一群际比较过程不断强化家庭教会信徒的社会范畴化，增强范畴间的感知差异和拉平范畴内的特异性，即放大群体间的特异性，同化内群体的同质性，从而更好更快识别群体内外的成员，使范畴对其所有者而言更具有功能性（Brown, 2000/2013: 171）。这一趋势使得家庭教会信徒往往形成刻板印象，产生对内群体的偏好以及对外群体的偏见，而群体则被置于社会较边缘的位置，若因地方的排斥事件凸显其异化特征，会加大其信徒的自我认同和内群体偏好，形成强烈的排他意识，从而让其在边缘化之路愈走愈远。身份认同的不断加强，会导致情绪和态度的对立，极易形成新的冲突。

　　群体资格的获得过程即是和群体资格有关的集体记忆和社会知识的习得过程（方文, 2009）。地方基督徒以其共同经历为基础，通过口头传递演绎出共同的记忆，进而传承团体内默契形成的特定情感态度。需要特别注意的是，地方信徒口头传递的内容并非完全真实，而是基于其情感态度有意无意地对过往历史进行取舍和诠释，通过教会和家庭亲朋这一正式和非正式途径灌输给后来者，其最大化的效用往往是家庭代际间来完成。这是因为，作为受害者身份强化其宗教信念的合理性和最大化利益，这对家庭教会而言尤为如此。

　　地方家庭教会基督徒、三自教会基督徒与非基督徒认知态度的高度一致，其分歧在聚会方式与是否接受政府的管理上。由于家庭教会聚会点的人数相对较少，而且处于三自教会和地方政府的孤立与管制中，这使家庭教会的内部联系比较紧密。社会管理应认识到这一特征，在政策制定和实践执行中不应简单粗暴或一刀切，不应激化，而应采取积极的心理引导方式，化解这一症结。

　　此外，随着当地政府宗教管理的逐渐放松、两类教会之间直接冲突的消解以及平衡局面的确立，家庭教会和三自教会中对宗教教义理解较好以及认知上较为理性的基督徒，都主张消除两类教会之间的敌视与偏见，逐渐趋于相互理解与包容，宗教社会管理应认识到并鼓励这样的融合。

四、家庭教会的合法化

　　针对地方政府对基督教，特别是家庭教会的控制比较严格，不少学者提出应该持开放和包容的态度，如段琦（2013: 260）提出，"基督教的传教方式和传教热情是其他宗教无法比拟的，打压对它不仅不起作用，反而促使其发展"。当地也有非基督徒提出相同的看法，HB 村何 SY 就认为，中国人信主的原因在于之前的不自由，他说，"文化大革命时候为什么不信呢？所以说这是一种自由的象征，他潜意识中用这种方式来解放他那多少年来被禁锢的头脑，实际上是一种反叛。"对此，他主张，对于政府来说，你可以疏导他，但你不能阻碍他。当时就是堵得太厉害造成现在这么快的增长。如果一直以来你不管他，想信哪个教就信哪个教就不会再出现这么快的发展速度。

　　如何将家庭教会纳入到相关的社会管理中，其组织的登记和管理不仅是一个表面上的宗教事务管理问题，其深层涉及到家庭教会的合法性问题。宗教合法性是现代社会及其制度分化的产物，其获得形式和表达方法制约着宗教的社会存在和社会功能的发挥。宗教合法性一个最基本的体现形式，就是建立在政教关系合法分离的基础上，合理调整宗教与国家权力、宗教团体与社会组织、宗教信徒与一般公民、以及宗教团体之间的关系，并且相应地表现为宗教团体及宗教信徒对自己宗教在社会上所处地位、社会功能发挥空间的基本认同（李向平，杨静，2004）。

　　家庭教会的合法性涉及两个方面，一是政府如何行使其社会管理权利，二是何种管理方式能被家庭教会信徒所认可接受。这两个方面仅强调一个在目前现状的可行性都不大，既不能对家庭教会放任自流，也不宜对家庭教会采用简单粗暴的管理。2013 年暑期，当地家庭教会负责人孟姊妹新盖住宅，在房子右边留有一片空地，说是准备盖聚会点，但同时又担心政府管理又趋于严厉，到时不让盖。笔者调查时，孟姊妹不断询问政府对教会特别是家庭教会的政策是否会变，希望能得到政府的承认。笔者同家庭教会负责人谈起合法性问题，纳入三自体系他们坚决持反对态度，而在三自外成立另一体系是他们愿意考虑的，但问题的关键还集中在于登记注册、定点聚会和受洗年龄。这些方面如何解决是家庭教会合法化面临的最大障碍，解决这些问题需要政府和信徒双方的积极沟通，有针对性、有创造性地探索为双方接受的路径，最终达成共识。

在实现路径上，不少学者的建议大致可以过于三个方面：消减对基督教和基督徒的质疑，认识到基督徒作为中国公民身份的存在及其正向的作用，视其为服务对象而非管理对象，降低其特殊性和敏感性；培养深入了解基督教的专家干部，特别是加强地方干部对基督教的了解，保护基督徒的合法信仰自由，引导基督徒与中国社会主义社会相适应；推举真正有灵性、宗教造诣深且爱国的宗教大师，而非政治领袖，来服务和引领基督徒的信仰生活（参见 唐晓峰, 2013b: 240-241; 梁燕城, 2013: 312-313）。这三点在家庭教会合法化的进程中同样具有重要的价值，其中第三点被认为是真正体现三自灵魂、团结家庭教会、打击分裂势力的关键所在。

參考文獻

一、中文文獻

1. 车文博. (2003). *人本主义心理学*. 杭州: 浙江教育出版社.

2. 陈国强, 石奕龙. (1990). *简明文化分类学词典*. 杭州: 浙江人民出版社.

3. 陈文渊. (2004). 序. 见 王治心. *中国基督教史纲(pp.1-5)*. 上海: 上海古籍出版社.

4. 车文博. (2003). *人本主义心理学*. 杭州:浙江教育出版社.

5. 陈占江. (2007). "基督下乡"的实践逻辑——基于皖北 C 村的田野调查. *重庆社会科学, 9*, 102-115.

6. 常薇. (2008). *中国基督教宗教性量表的编制及其相关研究*. 硕士学位论文. 上海师范大学.

7. 成穷. (2003). 定义"宗教"的四种方式. *宗教学研究, 2*, 83-88.

8. 丛日云. (2003). *在上帝与凯撒之间*. 北京: 生活·读书·新知三联书店.

9. 戴燕. (2008). 青海省基督教徒宗教皈依原因分析. *青海社会科学, 6*, 156-160.

10. 戴燕. (2009). 青海省宗教状况及其社会样态分析. *青海社会科学, 6*, 139-143.

11. 董丛林. (2007). *龙与上帝: 基督教与中国传统文化*. 桂林: 广西师范大学出版社.

12. 董延寿. (2014). *基督新教在河南的传播与发展研究: 1883-1949*. 北京: 人民出版社.

13. 杜维明. (2001). 儒学第三期发展的前景问题. 见 朱汉民,肖永明(编), *文明的冲突与对话*(pp.119-156). 长沙:湖南大学出版社.(原著出版年:1986)

14. 杜维明. (1992). *儒学传统的现代转化*. 北京:中国广播电视出版社.

15. 杜维明. (2002). 儒学的超越性及其宗教向度. 见 杜维明(编), *杜维明文集* (第四卷). 武汉:武汉出版社.

16. 杜维明. (2001).杜维明:儒学第三期发展的前景问题. 见 朱汉民,肖永明 (编), *文明的冲突与对话* (pp.119-156). 长沙: 湖南大学出版社.(原著出版年:1986)

17. 杜晓田. (2011). 从农村基督教盛行看农民社会保障需要——基于豫西南 H 村的调查. *西北人口, 32(4)*, 43-46.

18. 段琦. (2004). *奋进的历程:中国基督教的本色化*. 北京:商务印书馆.

19. 段琦. (2013). 河南开封和南阳的宗教格局及成因报告. 见 金泽,邱永辉 (编), *中国宗教报告: 2013(宗教蓝皮书)*(pp.252-280). 北京:社会科学文献出版社.

20. 范丽珠. (2008). 现代宗教是理性选择吗:质疑宗教的理性选择研究范式. *社会, 28(6)*, 90-109.

21. 方文. (2005). 群体符号边界如何形成: 以北京基督新教群体为例. *社会学研究, 1*, 25-59.

22. 方文. (2009). 政治体中的信徒——公民困境: 群体资格路径. *北京大学学报(哲学社会科学版), 46(4)*, 89-95.

23. 方文. (2010). 文化自觉的阶梯. *开放时代, 5*, 146-158.

24. 费孝通. (1996). 重读《江村经济·序言》. *北京大学学报(哲学社会科学版), 4*, 4-18.

25. 费孝通. (1997). 反思·对话·文化自觉. *北京大学学报(哲学社会科学版), 3*, 15-22.

26. 费孝通. (1998). *乡土中国·生育制度*. 北京: 北京大学出版社.

27. 费孝通. (2001). *江村经济:中国农民的生活*. 北京: 商务印书馆. (原著出版年: 1939)

28. 费孝通. (2006). 总序. 见 徐平(编), *文化的适应和变迁:四川羌村调查*. 上海: 上海人民出版社.

29. 葛鲁嘉. (1995). *心理文化论要:中西心理学传统跨文化解析*. 大连:辽宁师范大学出版社.

30. 顾求知.(1995). 加拿大在华传教士活动的若干问题. 见 宋家珩(编). *加拿大传教士在中国*. 北京: 东方出版社.

31. 郭海良. (2006). 1980 年以来国内基督教研究评述. *历史教学问题, 6*, 97-92.

32. 郭永玉. (2003). 人本主义心理学的新进展——超个人心理学. 见 郭本禹 (编).*当代心理学的新进展* (pp.127-162).济南:山东教育出版社.

33. 韩广富. (2007). 论贫困地区农民的政治心理对新农村建设的影响及对策. *长白学刊, 5*, 45-48.

34. 何光沪. (1998).导言:文化对话的意义、基础与方法. 见 何光沪,许志伟 (编). *对话:儒释道与基督教* (pp.1-8). 北京:社会科学文献出版社.

35. 何光沪. (2009). *信仰之问*. 北京: 中国人民大学出版社.

36. 韩恒. (2012). 传播模式与农村基督教群体特征的演变——基于河南省14个调查点的分析. *世界宗教文化, 5*, 90-98.

37. 黄光国. (2004). 人情与面子:中国人的权力游戏. 见 黄光国, 胡先缙 (编). 面子:中国人的权力游戏. 北京:中国人民大学出版.

38. 黄剑波. (2003). "四人堂"纪事——中国乡村基督教的人类学研究. 博士学位论文. 中央民族大学.

39. 黄剑波. (2010). 二十年来中国大陆基督教的经验性研究述评.*中国社会科学*, 取自: http:// www. piyongtang.com/ show.aspx?id=144&cid=34.

40. 金以枫. (2007). *1949 年以来基督宗教研究索引*.北京:社会科学文献出版社.

41. 金志成, 何艳茹. (2005). *心理实验设计及其数据处理*. 广州: 广东高等教育出版社.

42. 金妍妍. (2005). 基督教的"马大现象"探析——以河南潢川城关教会为考察对象,*巢湖学院学报, 7(5)*, 24-29.

43. 景怀斌. (2003). 心理健康观念对心理症状的影响研究.*心理科学, 26 (5)*, 922-923.

44. 景怀斌. (2005). *心理意义实在论*. 广州:暨南大学出版社.

45. 景怀斌. (2006). 儒家式应对思想及其对心理健康的影响. *心理学报,38(1)*, 126-134.

46. 景怀斌. (2008). 职业压力感视野下公务员机制的问题与建议.公共行政评论, *4*,110-138.

47. 景怀斌. (2011). *公务员职业压力: 组织生态与诊断*. 北京:中央编译出版社.

48. 景怀斌. (2012). 孔子"仁"的终极观及其功用的心理机制. *中国社会科学, 4*, 46-61.

49. 金泽, 邱永辉. (2010) .走进21世纪10年代. 见 金泽, 邱永辉(编), *中国宗教报告:2010 (宗教蓝皮书)* (pp.1-17). 北京:社会科学文献出版社.

50. 金泽, 邱永辉. (2013). *中国宗教报告: 2013(宗教蓝皮书)*. 北京: 社会科学文献出版社.

51. 李创同, 林连华.(2007)."以堂带点"管理模式的调查与研究—以 X 市基督教 T 聚会点为例. *兰州大学学报(社会科学版), 35(5)*, 75-82.

52. 李光 (2010-10). 内地基督教堂数量调查：宗教供给稀缺现状暂难改观. *凤凰周刊*, 29 期, 取自 http://news.ifeng.com.

53. 李红菊, 崔金霞, 张蓉, 王妍蕾. (2004). 乡民社会基督教信仰的原因探析——对豫北蒋村教堂的调查. *中国农业大学学报 (社会科学版)* , 4, 73-76.

54. 李华伟. (2012). 苦难与改教：河南三地乡村民众改信基督教的社会根源探析. *中国农业大学学报(社会科学版), 29(3)*, 81-91.

55. 李鹏. (2010). 一个东北妇女的基督教选择——以理性选择理论为视角. *黑龙江史志*, 1, 50-54 .

56. 李蓉蓉. (2010). 海外政治效能感研究述评. *国外理论动态*, 9, 46-52.

57. 李顺华. (2010). 仪式的交融与亚文化团体的存续. *中国农业大学学报(社会科学版), 27(4)*, 132-140.

58. 李向平, 杨静. (2004). 宗教合法性及其获得方式. *当代宗教研究*, 4, 11-19.

59. 李玉洁. (2005). 河洛文化在中华文明史的地位. *江西社会科学*, 12, 43-46.

60. 李泽厚. (2004). *论语今读*. 北京：生活·读书·新知三联书店.

61. 梁家麟. (1999). *改革开放以来的中国农村教会*. 香港：建道神学院.

62. 梁建宁. (2003). *当代认知心理学*. 上海：上海教育出版社.

63. 梁丽萍. (2004). *中国人的宗教心理: 宗教认同的理论分析与实证研究*. 北京：社会科学文献出版社.

64. 梁燕城. (2013). *儒、道、易与基督信仰*. 北京：宗教文化出版社.

65. 林诚光. (2008). 准实验研究. 见 陈晓萍, 徐淑英, 樊景立(编),组织与管理研究的实证方法(pp.153-160). 北京：北京大学出版社.

66. 刘诗伯. (2006). *在教堂内外——都市基督徒群体的人类学考察*. 博士学位论文. 中山大学.

67. 刘诗伯. (2006).对城乡基层基督教信徒"功利性"的比较分析.*青海民族研究, 2(17)*, 142-147.

68. 刘霁雯. (2004). 乡村的"天堂之路"——湖北省荆门市团林镇"基督教"活动调研.*中南民族大学学报 (人文社会科学版)*, 24, 66-69.

69. 刘小枫. (1998). *现代性社会理论绪论*. 上海：生活·读书·新知三联书店.

70. 刘小枫. (2003). 西美尔论现代人与宗教. 见 Simmel, G.(著), *现代人与宗教* (曹卫东译, pp.1-38). 北京:中国人民大学出版.

71. 刘志军. (2007).*乡村都市化与宗教信仰变迁:张店镇个案研究*. 北京:社会

科学文献出版社.

72. 吕大吉. (1998). 宗教是什么?—宗教的本质、基本要素及其逻辑结构. *世界宗教研究, 2*, 1-20.

73. 卢龙光. (2009). 序. 见 朱峰(著). *基督教与与海外华人的文化适应:近代东南亚华人移民社区的个案研究* (pp.1-2). 北京:中华书局.

74. 孟玲. (2011). *农村社区基督徒的身份建构研究—以河南某村庄的基督徒为研究对象*. 硕士学位论文. 华中师范大学.

75. 牟宗三. (1974). *中国哲学的特质*. 台北:台湾学生书局.

76. 潘薇. (2011). 发挥农村基督教正功能为构建和谐社会服务——以河南为例. *四川省社会主义学院学报, 3*, 45-46.

77. 尚新建. (2008). 中译者导言. 见 威廉·詹姆斯 (著). *宗教经验之种种* (尚新建译) (pp.1-28).北京:华夏出版社.(原著出版年:1902)

78. 世界宗教入门编委. (2008). 出版说明. 见 Harvey Cox (著), *基督宗教* (孙尚扬译, pp.1-3). 上海:上海古籍出版社.

79. 潘朝东. (2006). 将灵性融入心理治疗(综述). *中国心理卫生杂志, 20(8)*, 538-541.

80. 潘朝东. (2007). 心理治疗与咨询中的灵性干预. *中国心理卫生杂志,21(7)*, 505-509.

81. 乔红霞. (2010). 社会心理学与政治研究进展. 见 俞国良等(编). *社会心理学前沿* (pp.41-60). 北京: 北京师范大学出版社.

82. 宋兴川, 金盛华, 李波. (2004). 大学生精神信仰与心理健康的关系. *中国心理卫生杂志, 18(8)*, 554-556.

83. 唐晓峰. (2013a). *改革开放以来的中国基督教及研究*. 北京: 宗教文化出版社.

84. 唐晓峰. (2013b). 云南省基督教传播特点及分析. 见 许志伟(编).*基督教思想评论* (pp.227-241). 上海: 上海人民出版社.

85. 陶飞亚, 杨卫华. (2009). *基督教与中国社会研究入门*. 上海:复旦大学出版社.

86. 陶黎宝华, 甄景德. (2011). *生活的意义(修订版)*. 北京: 中国人民大学出版社.

87. 万斌, 章秀英. (2010). 社会地位、政治心理对公民政治参与的影响极其路径. *社会科学战线, 2*, 178-188.

88. 王保全. (2008-07-31). 河南省基督教简史. 取自 河南基督教网站 http://www.hnjdj.org.

89. 王重鸣. (2001). *心理学研究方法*. 北京: 人民教育出版社.

90. 王建新, 刘昭瑞.(2007). 序. 见 王建新, 刘昭瑞(编). *地域社会与信仰风俗:立足田野的人类学研究* (pp.I-XII). 广州: 中山大学出版社.

91. 王建新. (2007). 宗教民族志的视角、理论范式和方法——现代人类学研究诠释. *广西民族大学学报(哲学社会科学版)*, 29(2), 6-14.

92. 王浦劬. (1995). *政治学基础*. 北京: 北京大学出版社.

93. 王奇昌. (2007). *无人聆听的福音——河南省镇平县北庄基督教之研究*. 硕士学位论文. 中央民族大学.

94. 王万轩. (2011). 豫东Z市基督教发展的现状调查与趋势分析. *辽宁行政学院学报*, 3, 169-171.

95. 王鑫宏. (2011). 当前河南农村基督教现状研究. *重庆科技学院学报(社会科学版)*, 2, 75-77.

96. 王玄武. (1999). *政治观教育通论*. 北京: 高等教育出版社.

97. 王莹. (2011). *身份建构与文化融合:中原地区基督教会个案研究*. 上海: 上海人民出版社.

98. 王治心. (2004). *中国基督教史纲*. 上海: 上海古籍出版社.

99. 夏征农, 陈至立.(2009). *辞海(第六版)*. 上海:上海辞书出版社.

100. 香港浸会大学宗教与哲学系. (2009). *当代儒学与精神性*. 桂林:广西师范大学出版社.

101. 肖刚. (2008). *政府对基督教非建制教会的管理探析*. 硕士学位论文. 汕头大学.

102. 谢炳国. (2008). *基督教仪式和礼文*. 北京: 宗教文化出版社.

103. 薛瑞泽. (2005). 河洛地区的地域范围研究. *洛阳师范学院学报*, 1, 5-9.

104. 谢颖. (2010). 灰色化的黑市教派——基于湖南L市的调查. *开放时代*, 5, 134-145.

105. 薛灿灿, 叶浩生. (2011). 具身社会认知:认知心理学的生态学转向. *心理科学*, 34(5), 1230- 1235.

106. 邢福增. (1995). *文化适应与中国基督徒(1860-1911)*. 香港: 建道神学院.

107. 邢福增. (2007). 20世纪中国内地基督教的区域分布. 见 陈建明, 刘家峰(编). *中国基督教区域史研究* (pp.1-18). 成都: 巴蜀书社.

108. 徐杰舜, 许立坤. (2009). *人类学与中国传统*. 北京: 民族出版社.

109. 徐凯. (2013). 宗教的心理哲学理解及其交叉领域研究. *求索*, 1, 67-70.

110. 徐凯. (2014). 农村基督徒政治心理现状与特征. 文化研究, 10, 143-144.

111. 徐勇, 邓大才. (2012). *中国农民的政治认知与参与*. 北京: 中国社会科学出版社.

112. 雪菲. (2008). 中国传统文化与基督教在中国的走向. *科学与无神论*, 2,

7-14.

113. 杨宝琰, 万明钢, 王微, 刘显翠. (2008). 基督教青少年的宗教性:以甘肃农村基督教群体为例. *心理学报, 40(11)*, 1197-1202.

114. 杨凤岗. (2006).中国宗教的三色市场.*中国人民大学学报*, 6, 41-47.

115. 杨华明. (2011). 英语学界关于中国基督教现状研究的若干热点问题综述. 见 世界宗教研究所基督教调研课题组(编).*中国基督教调研报告集* (pp.537-554).北京:中国社会科学出版社.

116. 杨庆堃. (2006).*中国社会中的宗教:宗教的现代社会功能及其历史因素之研究* (范丽珠译). 上海:上海人民出版社.(原著出版年:1961)

117. 杨韶刚. (2006). *超个人心理学*.上海:上海教育出版社.

118. 杨卫民. (2007). 社会转型与农村精神重建——河南李村基督教堂的个案研究. 见 王建新、刘昭瑞(编). *地域社会与信仰风俗:立足田野的人类学研究*(pp.154-174). 广州: 中山大学出版社.

119. 杨泽波. (2009). 关于儒学与宗教关系的再思考——从儒学何以具有宗教作用谈起. 见 香港浸会大学宗教与哲学系(编).*当代儒学与精神性* (pp.250-262).桂林:广西师范大学出版社.

120. 尹继武. (2006). 认知心理学在国际关系研究中的应用:进步及其问题. *外交评论, 8,* 101-110.

121. 俞国良. (2008). *社会心理学前沿*. 北京: 北京师范大学出版社.

122. 于建嵘. (2010). 中国基督教家庭教会合法化研究. *战略与管理,*3/4.

123. 于建嵘. (2008). 基督教的发展与中国社会稳定——与两位"基督教家庭教会"培训师的对话. 领导者,4.

124. 余英时. (1992). *内在超越之路*. 北京:中国广播电视出版社.

125. 张爱卿. (1999). *放射智慧之光: 布鲁纳的认知与教育心理学*. 武汉: 湖北教育出版社.

126. 张宝山. (2010). 社会认知研究的研究热点和发展趋势见 俞国良等(编).*社会心理学前沿* (pp.200-217). 北京: 北京师范大学出版社.

127. 张向葵, 吴晓义. (2004). 文化震荡及其对个体心理健康的影响. *心理与行为研究, 2(2),* 438-442.

128. 张化. (2009). 当前上海基督教研究报告,第六届宗教社会科学研讨会上发表的论文, 取自: http://www.pacilution.com.

129. 张素威. (2011). 一个中原村落基督教信仰的调查研究. 硕士学位论文. 赣南师范学院.

130. 张西平, 卓新平. (1998). 交融与会通(代序). 见 张西平,卓新平(编). *本色之探:20 世纪中国基督文化学术论集* (pp.5-33). 北京:中国广播电视出版社.

131. 张耀杰. (2010-09-14). *基督教在中国的矮化变异*. 取自: 中评网
    http://www.china-review.com

132. 张志刚. (2013). *宗教研究指要(2 版)*. 北京: 北京大学出版社.

133. 张忠成. (2010). 杭州基督教调查研究分析报告(下)——杭州基督教的现
    状、发展趋势和时策,*金陵神学志*, 3, 3-23.

134. 赵凤娟. (2012). *基督教在中国农村的传播——以河南省一个村庄为例*.
    硕士学位论文. 南昌大学.

135. 郑萍. (2005). 落视野中的大传统与小传统. *读书*, 7, 11-19.

136. 中国社会科学院世界宗教研究所课题组. (2010). 中国基督教入户问卷调
    查报告. 见 金泽, 邱永辉(编), *中国宗教报告:2010(宗教蓝皮书)*
    (pp.1-17). 北京:社会科学文献出版社.

137. 钟鸣旦. (1999).基督教在华传播史研究的新趋势(马琳译). 载于 任继愈
    (编), *国际汉学:第四辑* (pp.477-520). 郑州:大象出版社.

138. 庄孔韶. (2007). *银翅: 中国的地方社会与文化变迁*. 北京: 生活·读书·
    新知三联书店.

139. 卓新平. (1994). 展开多层次的宗教探究. *世界宗教文化*, 2, 48-49.

140. 卓新平. (2000). *基督教新论*. 北京: 社会科学文献出版社.

141. 卓新平. (2005). *中国基督教基础知识*. 北京: 宗教文化出版社.

142. 卓新平. (2007). *基督教与中国文化的相遇、求同与存异*. 香港: 崇基学院
    神学院.

143. 卓新平. (2008). 抓住机遇,推动宗教研究的创新发展. *中国宗教*, 1,
    32-33.

144. 卓新平. (2008). *全球化的宗教与当代中国*. 北京: 社会科学文献出版社.

145. 周丽清, 孙山. (2009). 大学生文化取向内隐效应的实验研究.*心理发展与
    教育*, 2, 55-60.

146. 周文顺, 徐宁生. (1998). *河洛文化*. 北京:五洲传播出版社.

147. 朱峰. (2009). *基督教与与海外华人的文化适应:近代东南亚华人移民社
    区的个案研究*. 北京:中华书局.

148. 庄孔韶. (2006). *人类学概论*. 北京: 中国人民大学出版.

二、译著文献

1. Argyle, M. (2005). *Psychology and Religion: An Introduction* (Chen, B.,
   Trans.). Beijing: China Renmin University Press. (Original work published
   2000)
   [麦克·阿盖尔. (2005). *宗教心理学导论* (陈彪译). 北京:中国人民大学出

版社.(原著出版年:2000)]

2. Aristotle. (1997). *Politics* (Wu, S. P., Trans.). Beijing: the Commercial Press.
   [亚里士多德. (1997). *政治学* (吴寿彭 译). 北京:商务印书馆.]

3. Bartlett, F. C. (1998). Remembering: A study in experimental and social psychology (Li, W., Trans.). Hangzhou: Zhejiang Education Press.(Original work published 1932)
   [巴特莱特. (1998). 记忆:一个实验和社会的心理学研究(黎炜译). 杭州: 浙江教育出版社.]

4. Berger, P. L. (1991). *The Sacred Canopy: Elements of a Sociological Theory of Religion*(Gao, S. N., Trans.). Shanghai: Shanghai People's Press. (Original work published 1969)
   [彼特·贝格尔. (1991). *神圣的帷幕:宗教社会学之要素* 高师宁译). 上海: 上海人民出版社.(原著出版年:1969)]

5. Binkley, L. J. (1983). Conflict of Ideals: Changing Values in Western Society (Ma, Y. D., Chen, B. C., Wang, T. Q., & Wu, Y. Q., Trans.). Beijing: The Commercial Press. (Original work published 1969)
   [宾克莱. (1983). *理想的冲突——西方社会中变化着的价值观念* (马元德、陈白澄、王太庆、吴永泉译). 北京:商务印书馆.(原著出版年: 1969)]

6. Boas, P. (1989). *The mind of primitive man.* (Xiang, L., & Wang, X., Trans.). Beijing: China Renmin University Press. (Original work published 1919)
   [弗兰兹·博厄斯. (1989).*原始人的心智* (项龙, 王星译). 北京:国际文化 出版社.(原著出版年:1919)]

7. Brown, L. B. (1992). *The Psychology of Religious Belief*(Jin, D. Y., Trans.). Beijing: Today China Press. (Original work published: 1987)
   [布朗. (1992). *宗教心理学* (金定元等译). 北京:今日中国出版社.(原著出 版年: 1987)]

8. Brown, R. (2013). *Group processes* (2nd ed., Hu, X., & Qing, X. F., Trans.). Beijing: China Light Industry Press. (Original work published 2000)
   [布朗. (2007). *群体过程* (第二版, 胡鑫, 庆小飞 译). 北京: 中国轻工业 出版社.(原著出版年:2000)]

9. Calvin, J. (2011). *Golden Booklet of the True Christian Life* (Qian, Y. C., & Sun, Y. Trans.). Beijing: SDX Joint Publishing Company. (Original work published 1927)
   [加尔文. (2011). *基督徒的生活* (钱曜诚 译, 孙毅 选编). 北京: 生活·读 书·新知三联书店.(原著出版年:1927)]

10. Cassirer, E. (2004). *An Essay of Man* (Gan, Y., Trans.). Shanghai: Shanghai Translation Publishing House. (Original work published 1944)
    [恩斯特·卡西尔. (2004). *人论* (甘阳译). 上海:上海译文出版社.(原著出 版年:1944)]

11. Charmaz, K. (2009). *Constructing Grounded Theory* (Bian, G. Y. Trans.).

Chongqing: Chongqing University Press. (Original work published 2007)

[凯西·卡麦兹. (2009). *建构扎根理论* (边国英译). 重庆: 重庆大学出版社.(原著出版年: 2007)]

12. Chi-Yue, C., Ying-Yi, H. (2010). *Social psychology of culture* (Liu, S., Trans.). Beijing: China Renmin University Press. (Original work published 2006)

[赵志裕, 康莹仪. (2010). *文化社会心理学* (刘爽译). 北京:中国人民大学出版社.(原著出版年:2006)]

13. Cirpriani, R., & Ferrarotti, L. (2005). *Sociology of Religion: An Historical Introduction* (Gao, S. N., Trans.). Beijing: China Renmin University Press. (Original work published 1997)

[罗伯托·希普里阿尼, 劳拉·费拉罗迪. (2005). *宗教社会学史* (高师宁译). 北京: 中国人民大学出版社.(原著出版年:1997)]

14. Cox, H. (2008). Christianity (Yang, S. Y., Trans.). Shanghai: Shanghai Ancient Books Publishing House. (Original work published 1993)

[哈维·寇克斯. (2008). *基督宗教* (孙尚扬译). 上海:上海古籍出版社.(原著出版年:1993)]

15. Davies, D., & Bhugra, D. (2007). *Models of Psychopathology: Core Concepts in Therapy* (Lin, T., Trans.). Beijing: Peking University Medical Press. (Original work published 2004)

[Davies, & Bhugra. (2007). *精神病理学模型* (林涛译). 北京:北京大学医学出版社.(原著出版年:2004)]

16. Elkins, D. N. (2007). *Beyond Religion: A Personal Program for Building a Spiritual Life Outside the Walls of Traditional Religion* (Gu, x., Yang, Y. M., & Wang, W. J., Trans.). Shanghai: Shanghai People's Press. (Original work published 1998)

[大卫·艾尔金斯. (2007). *超越宗教: 在传统宗教之外构建个人精神生活* (顾肃, 杨晓明, 王文娟译). 上海:上海人民出版社.(原著出版年:1998)]

17. Encyclopædia Britannica Inc. (1999). Encyclopædia Britannica ((International Chinese Edition, Vol.2) (Xu, W. C., Trans.). Beijing: Encyclopædia of China Publishing House.

[大英百科全书公司. (1999). *不列颠百科全书* (国际中文版,第 2 卷)(徐惟诚译).北京:中国大百科全书出版社.]

18. Evans-Pritchard, E. E. (2001). *Theories of primitive Religions.* Beijing: the Commercial Press. (Original work published 1965)

[埃文斯·普理查德. (2001). *原始宗教理论* (孙尚扬译). 北京:商务印书馆.(原著出版年:1965)]

19. Frazer, J. G. (1998). *The Golden Bough: A Study in Magic and Religion* (4th ed., Xu, Y. X., Wang, P. J., & Zhang, Z. S., Trans.). Beijing: People Literature and Art Publishing House.(Original work published 1922)

[詹姆斯·乔治·弗雷泽. (1998). 金枝：巫术与宗教之研究 (第2版, 徐育新, 王培基, 张泽石译). 北京:大众文艺出版社.(原著出版年:1922)]

20. Fromm, E. (2006). *Psychoanalysis and Religion* (Sun, X. C., Trans.). Shanghai: Shanghai People's Press. (Original work published 1950)
[埃·弗洛姆. (2006). 精神分析和宗教 (孙向晨译). 上海:上海人民出版社.(原著出版年:1950)]

21. Geertz, C. (1999). *The interpretation of cultures* (Na, R. B. L. G., Trans.). Shanghai: Shanghai People's Press. (Original work published 1973)
[克利福德·格尔茨. (1999). 文化的解释 (纳日碧力戈译). 上海:上海人民出版社.(原著出版年:1973)]

22. Granet, M. (2010). *La religion des Chinois* (Wang, R., Trans.). Harbin: Harbin publishing Press. (Original work published 1923)
[葛兰言. (2010). 中国人的信仰 (汪润译). 哈尔滨: 哈尔滨出版社.(原著出版年:1923)]

23. Heidegger, M. (1999). *Sein und Zeit* (Chen, J. Y., & Wang, Q. J. Trans.). Beijing: SDX Joint Publishing Company. (Original work published 1927)
[海德格尔. (1999). 存在与时间 (陈嘉映, 王庆节 译). 北京: 生活·读书·新知三联书店.(原著出版年:1927)]

24. Houghton, D. P. (2013). P*olitical psychology: situations, individuals, and cases* (Yin, J. W., & Lin, M. W., Trans.). Beijing: Central Compilation & Translation Press. (Original work published 2009)
[戴维·P·霍顿. (2013). 政治心理学: 情境、个人与案例(尹继武, 林民旺译). 北京: 中央编译出版社.(原著出版年:2009)]

25. Hsu, F. L. K. (2001). *Under the ancestors' shadow: Kinship, personality, and social mobility in village China* (Wang, F., & Xu, D. L., Trans.). Taibei: Tiannan Press. (Original work published 1967)
[许琅光. (2001). 祖荫下: 中国乡村的亲属, 人格与社会流动 (王芃, 徐德隆译). 台北: 南天书局.(原著出版年:1967)]

26. Hunt, S. (2010). *Religion and Everyday Life* (Wang, X. X., Trans.). Beijing: Central Compilation & Translation Press. (Original work published 2005)
[亨特. (2010). 宗教与日常生活 (王修晓译). 北京: 中央编译出版社.(原著出版年:2005)]

27. Huntington, S. P. (1988). *Political order in changing societies* (Li, S. P., Trans.). Beijing: SDX Joint Publishing Company. (Original work published 1968)
[塞缪尔·亨廷顿. (1988). 变革社会中的政治秩序 (李盛平译). 北京: 生活·读书·新知三联书店.(原著出版年:1968)]

28. Inglis, D. (2009). *Culture and Everyday Life* (Zhou, S. Y., Trans.). Beijing: Central Compilation & Translation Press. (Original work published 2005)
[英格利斯. (2009). 文化与日常生活 (周书亚译). 北京: 中央编译出版

社.(原著出版年:2005)]

29. Kant, I. (1986). *Grundlegung Zur Metaphysik Der Sitten* (Miao, L. T, Trans.). Shanghai: Shanghai People's Press.(Original work published 1968)
[康德. (1986). 道德形而上学原理 (苗力田译). 上海: 上海人民出版社.(原著出版年:1968)]

30. Lewellen, T. C. (2009). *Political Anthropology: An Introduction*(Zhu, L., Trans.). Beijing: China Minzu University Press.(Original work published 2003)
[特德·C·卢埃林. (2009). 政治人类学导论 (朱伦译).北京:中央民族大学出版社.(原著出版年:2003)]

31. Loewenthal, K.M. (2002) . The Psychology of Religion: A Short Introduction (Luo, Y. J., Trans.). Beijing: Peking University Press. (Original work published 2000)
[凯特·洛文塔尔. (2002) .宗教心理学简论 (罗跃军译). 北京:北京大学出版.(原著出版年:2000)]

32. 绫部恒雄. (1988).文化人类学的十五种理论 (中国社会科学院日本研究所社会文化室译). 北京:国际文化出版社.(原著出版年:1984)

33. Luckmann, T. (2003). *The Invisible Religion: The Problem of Religion in Modern Society* (Tan, M. F., Trans.). Beijing: China Renmin University Press. (Original work published 1967)
[卢克曼. (2003). 无形的宗教: 现代社会中的宗教问题 (覃方明译). 北京: 中国人民大学出版社.(原著出版年:1967)]

34. Lyons, E., & Coyle, A. (2010). *Analysing Qualitative Data in Psychology* (Bi, C. Z. Trans.). Chongqing: Chongqing University Press. (Original work published 2007)
[莱昂斯, 考利. (2010). 心理学质性研究的分析 (毕重增译). 重庆: 重庆大学出版社.(原著出版年: 2007)]

35. James, W. (2008). The Varieties of Religious Experience (Shang, X. J., Trans.). Beijing: The Huaxia Publishing House. (Original work published 1902)
[威廉·詹姆斯. (2008). 宗教经验种种 (尚新建译). 北京:华夏出版社.(原著出版年:1902)]

36. Malinowski, B. (1999). *A scientific Theory of Culture and Other Essays* (Huang, J. B. et. al., Trans.). Minzu University of China Press. (Original work published 1944)
[马林诺斯基. (1999). 科学的文化理论 (黄剑波等译). 北京:中央民族大学出版社.(原著出版年:1944)]

37. Mitchell, S. A., & Black, M. J. (2007). *Freud and beyond: A history of modern psychoanalytic thought* (Chen, Z. Y., Huang, Z., & Shen, Y. D., Trans.). Beijing: the Commercial Press. (Original work published 1995)

[斯提芬·A·米切尔, 玛格丽特·J·布莱克. (2007). *弗洛伊德及其后继者: 现代精神分析思想史* (陈祉妍, 黄峥, 沈东郁译). 北京:商务印书馆. (原著出版年:1995)]

38. Moltmann, J. (2003). *Der Gott Im Projekt der Modernen Welt* (Zeng, N. Y., Trans.). Beijing: China Renmin University Press.
[莫尔特曼. (2003). *世俗中的上帝* (曾念粤 译). 北京:中国人民大学出版社.]

39. Mùlle, F. M. (1989). Introduction to the science of religion (Chen, G.S., & Li, P. Z., Trans.).Shanghai: Shanghai People's Press.
[麦克斯·缪勒. (1989). *宗教学导论* (陈观胜, 李培茱译).上海:上海人民出版社.]

40. Mùlle, F. M. (1989). *Lectures on Origin and Growth of Religion* (Jin, Z., Trans.).Shanghai: Shanghai People's Press.(Original work published 1901)
[麦克斯·缪勒. (1989). *宗教的起源和发展* (金泽译).上海:上海人民出版社.(原著出版年:1901)]

41. Niebuhr, R. (2006). The Nature and Destiny of Man (Cheng, Q., Trans.). Guiyang: Guizhou People's Press.(Original work published 1943)
[莱茵霍尔德·尼布尔. (2006). 人的本性与命运 (成穷译). 贵阳: 贵州人民出版社.(原著出版年:1943)]

42. Schmidt, A. J. (2013). *Under the influence: how Christianity transformed civilization* (Wang, X. D., & Zhao, W., Trans.). Shanghai: Shanghai People's Press. (Original work published 2001)
[阿尔文·J·施密特. (2013). *基督教对文明的影响* (汪晓丹,赵巍译). 上海: 上海人民出版社.(原著出版年:2001)]

43. Smith, H. (2001). *The World's Religions* (Liu, A. Y., Trans.) Haikou: Hainan Press. (Original work published 1995)
[休斯顿·史密斯. (2001).人的宗教 (刘安云译). 海口:海南出版社.(原著出版年: 1995)]

44. Stott, J. (2003). *Understanding the Bible* (Liu, Q. R., Trans.). Huhehaote: Neimenggu People's Press. (Original work published 1972)
[斯托得. (2003). *见证基督: 探索圣经的本来面目* (刘庆荣译). 上海:上海人民出版社.(原著出版年:1972)]

45. Streng, F. G. (1991). *Understanding religious life* (3rd edition) (Jin, Z., & He, Q. M., Trans.). Shanghai: Shanghai People's Press. (Original work published 1984)
[斯特伦. (1991). *人与神: 宗教生活的理解* (金泽, 何其敏译). 上海:上海人民出版社.(原著出版年:1984)]

46. Tillich, P. (1988). Theology of Culture (Chen, X. Q., & Wang, P., Trans.) Beijing: China Worker Publishing House. (Original work published 1958)
[保罗·蒂利希. (1988).文化神学 (陈新权, 王平译). 北京: 工人出版

社.(原著出版年: 1958)]

47. Simmel, G. (2006). *Der Moderne Mensch und Religion* (Cao, W. D., Trans.). Beijing: China Renmin University Press.
   [格奥尔格·西美尔. (2006). *现代人与宗教* (曹卫东译). 北京: 中国人民大学出版社.]

48. Stark, R., & Finke, R. (2004). *Acts of faith: Explaining the human side of religion* (Yang, F. G., Trans.). Beijing: China Renmin University Press. (Original work published 2000)
   [罗德尼·斯达克，罗杰尔·芬克. (2004). *信仰的法则: 解释宗教之人的方面* (杨凤岗译). 北京:中国人民大学出版社.(原著出版年:2000)]

49. Ugrinovich (Угринович, Д.М). (1989). *Psychology of religion(Психология религии)*(Shen, Y. P., Trans.). Beijing: Social sciences academic press . (Original work published 1986)
   [德·莫·乌格里诺维奇. (1989). *宗教心理学* (沈翼鹏 译). 北京: 社会科学文献出版社.(原著出版年:1986)]

50. Willer, D., & Walker, H. A. (2010). Building Experiments: Testing Social Theory (Du, W. Y. , & Meng, Q. Trans.). Chongqing: Chongqing University Press. (Original work published 2007)
   [威勒，沃克. (2010). *实验设计原理* (杜伟宇，孟琦译). 重庆: 重庆大学出版社.(原著出版年: 2007)]

51. Whyte, W. F. (1994). *Street Corner Society: The Social Structure of an Italian Slum*. (Huang, Y. F., Trans.). Beijing: The Commercial Press. (Original work published 1943)
   [威廉·富特·怀特. (1994).*街角社会:一个意大利人贫民区的社会结构.* (黄育馥译). 北京:商务出版社.(原著出版年:1943)]

52. Yalom, I. D. (2003). *Existential Psychotherapy* (Yi, Z., X. Trans.). Taipei: Living Psychology Publishers.(Original work published 1980)
   [欧文·亚隆. (2003). *存在心理治疗* (易之新译).台北:张老师文化事业股份有限公司.(原著出版年:1980)]

53. Yang, C. K. (2006). *Religion in Chinese Society* (Fan, L. Z. , Trans.). Shanghai: Shanghai People's Press. (Original work published 1961)
   [杨庆堃. (2006). *中国社会中的宗教: 宗教的现代社会功能与其历史因素之研究* (范丽珠译). 上海:上海人民出版社.(原著出版年:1961)]

54. Yin, R. K. (2004). *Case Study Research Design and Methods* (3rd., Zhou, H. T., Li, Y. X., & Zhang, H. Trans.). Chongqing: Chongqing University Press. (Original work published 2003)
   [罗伯特· K· 殷. (2004). *案例研究:设计与方法* (第 3 版, 周海涛,李永贤, 张蘅译). 重庆: 重庆大学出版社.(原著出版年: 2003)]

55. 祖父江孝男. (1987). *The Concise Cultural Anthropology* (Ji, H. Z.Trans.) Beijing: China Writers Publishing House. (Original work published 1959)

[祖父江孝男. (1987). *简明文化人类学* (李红真译).北京:作家出版社.(原著出版年: 1959)]

三、英文文献

1. Allport, G. W., & Ross, J. M .(1967). Personal religious orientation and prejudice. *Journal of Personaliy and Social Psychology, 5,* 432- 443.

2. Argyle, M., & Beit-Hallahmi, B. (1975). *The social psychology of religion.* London: Routledge.

3. Atkinson, Q. D., & Bourrat, P. (2011). Beliefs about god, the afterlife and morality support the role of supernatural policing in human cooperation. *Evolution and Human Behavior, 32(1),* 41-49.

4. Aussems, M. E., Boomsma, A., & Snijders, T. B. (2011). The use of quasi-experiments in the social sciences: A content analysis. *Quality & Quantity: International Journal of Methodology, 45*(1), 21-42.

5. Baker, T., Hatsukami, D., Lerman, C., O'Malley, S., Shields, A., & Fiore, M. (2003). Transdisciplinary science applied to the evaluation of treatments for tobacco use. *Nicotine & Tobacco Research*, 5(Suppl1), 89-99.

6. Barker, S. L., & Floersch, J. E. (2010). Practitioners' understandings of spirituality: Implications for social work education. *Journal of Social Work Education, 46(3),* 357-370.

7. Barnard, A. (2010). belief. In Barnard, A. & Spencer, J. (Eds.), *Encyclopedia of Social and Cultural Anthropology* (Second edition) (pp.79-80). New York:The Routledge.

8. Bartoli, E. (2007). Religious and spiritual issues in psychotherapy practice: Training the trainer. *Psychotherapy: Theory, Research, Practice, Training, 44*(1), 54-65.

9. Bellah, R. N. (1970). *Beyond belief.* New York: Harper & Row.

10. Bender, A., Hutchins, E., & Medin, D. (2010). Anthropology in Cognitive Science. *Topics in Cognitive Science, 2,* 374-385.

11. Benner, D. G. (1989). Toward a psychology of spirituality: Implications for personality and psychotherapy. *Journal of Psychology and Christianity, 8,* 19-30.

12. Berry, J. W. (1969). On cross-cultural comparability. *International Journal of Psychology, 4,* 119-128.

13. Bodnar, J. (1989).Power and Memory in Oral History: Workers and Managers at Studebaker.*The Journal of American History, 75(4),* 1201-1221.

14. Bonner, K.(2002). *Relationships Among Spirituality, Cognitive Processing, and Personal Control.* Master's thesis, West Virginia University.

15. Bregman, L. (2006). Spirituality: A glowing and useful term in search of a meaning. *Omega: Journal of Death and Dying, 53(1-2),* 5-26.

16. Bruner, J. (1990). *Acts of Meaning.* Cambridge, MA: Harvard University Press.

17. Cacioppo, J. T., Hawkley, L. C., Rickett, E. M., & Masi, C. M. (2005). Sociality, Spirituality, and Meaning Making: Chicago Health, Aging, and Social Relations Study. *Review of General Psychology, 9(2),* 143-155.

18. Campbell, D.T. & Naroll, R. (1972). The Mutual Methodological Relevance of Anthropology and Psychology. In Francis L. K. Hsu (Eds.), *Psychological Anthropology* (new edition)(pp.435-468).Cambridge, Massachusetts: Schenkman Publishing Company.

19. Campbell, D. T. & Stanley, J. C. (1963). *Experimental and quasi-experimental designs for research.* Boston: Houghton Mifflin Company.

20. Clark, W. H. (1958). How do social scientists define religion? *Journal of Social Psychology, 47,* 143–147.

21. Csikszentmihalyi, M. (1990). Flow: The psychology of optimal experience. New York: Harper & Row.

22. D'Andrade, R. (1995). Introduction. In R. D'Andrade (Ed.), *The Development of Cognitive Anthropology* (pp.xiii-xiv). Cambridge: Cambridge University Press.

23. Dalton, J.H.,Elias, M.J.,& Wandersman, A. .(2001). *Community psychology: Linking individuals and community.* Belmont: Wadsworth/Thomson Learning.

24. Downer, M. (1993). *The New Dictionary of Catholic Spirituality. Collegeville,* MN: The Liturgical Press.

25. Driskell, R., Embry, E., & Lyon, L. (2008). Faith and politics: The influence of religious beliefs on political participation. *Social Science Quarterly, 89*(2), 294-314.

26. Dykstra, C. (1986). Youth and the language of faith. *Religious Education, 81,* 163–184.

27. Ellis, A. (1999). Therapy grows up. *Psychology Today, 32(6) ,* 34-35.

28. Encyclopædia Britannica Inc. (1997). *The New Encyclopædia Britannica* (15th ed., Vol.2). Chicago: Encyclopædia Britannica.

29. George, L. K., Larson, D. B., Koenig, H. G. & McCullough, M. E. (2000). Special issue: Classical Sources of Human Strength: A Psychological Analysis. *Journal of Social&Clinical Psychology, 19(1), 1*02-116.

30. Genia, V. (1997). The Spiritual Experience Index: Revision and Reformulation. *Review of Religious Research,* 38, 344-361.

31. Glaser, B., & Strauss, A. (1967). *The discovery of grounded theory,* Chicago: Aldine.

32. Glaser, B. G. (2001). *The grounded theory perspective: conceptualization contrasted with description,* Mill Valley, CA: Sociology Press.

33. Goel,V., & Dolan, R. J. (2003). Explaining modulation of reasoning by belief. *Cognition, 87(1)*, B11-B22.

34. Gorsuch, R. L.(2002). *Integrating psychology and spirituality. Westport*, CT: Praeger.from http://books.google.com.hk.

35. Fassinger, R. E. (2005). Paradigms, Praxis, Problems, and Promise: Grounded Theory in Counseling Psychology Research. *Journal Of Counseling Psychology*, *52*(2), 156-166.

36. Fetzer Institute/National Institute on Aging Working Group. (1999). *Multidimensional measurement of religiousness/spirituality for use in health research: A report of the Fetzer Institute/National Institute on aging working group.* Kalamazoo: John E. Fetzer Institute.

37. Fiske, S. T., & Taylor, E. E. (2008). Social cognition: From brains to culture. Boston, MA: McGraw-Hill.

38. Fuller, R. C. (2001). *Spiritual, but not religious: Understanding unchurched America*. New York: Oxford University Press.

39. Johnstone, B., & Yoon, D. (2009). Relationships between the Brief Multidimensional Measure of Religiousness/Spirituality and health outcomes for a heterogeneous rehabilitation population. *Rehabilitation Psychology*, *54*(4), 422-431.

40. Hall, D. L., Matz, D. C. & Wood, W. (2010). Why don't we practice what we preach?: A meta-analytic review of religious racism. *Personality and Social Psychology Review, 14(1),* 126-139.

41. Hamilton,D. L. (2005). *Social cognition: key readings*. New York: Psychology Press.

42. Hardy, S. A., White, J. A., Zhang, Z., & Ruchty, J. (2011). Parenting and the socialization of religiousness and spirituality. *Psychology Of Religion And Spirituality*, *3*(3), 217-230.

43. Harris, S., Sherritt, L. R., Holder, D. W., Kulig, J., Shrier, L. A., & Knight, J. R. (2008). Reliability and validity of the Brief Multidimensional Measure of Religiousness/Spirituality among adolescents. *Journal Of Religion And Health*, *47*(4), 438-457.

44. Helminiak, D. A. (2011). Spirituality as an Explanatory and Normative Science: Applying Lonergan's Analysis of Intentional Consciousness to Relate Psychology and Theology. *Heythrop Journal, 52 (4),* 596-627.

45. Hill, P. C., Pargament, K. I., Hood, R. r., McCullough, M. E., Swyers, J. P., Larson, D. B., & Zinnbauer, B. J. (2000). Conceptualizing religion and spirituality: Points of commonality, points of departure. *Journal For The Theory of Social Behaviour, 30(1),* 51-77.

46. Hill, P. C., & Pargament, K. I. (2003). Advances in the conceptualization and measurement of religion and spirituality: Implications for physical and mental health research. *American Psychologist, 58(1),* 64-74.

47. Hill, P. C., & Pargament, K. I. (2008). Advances in the conceptualization and measurement of religion and spirituality: Implications for physical and mental health research. *Psychology of Religion And Spirituality*,*S*(1), 3-17.

48. Hirsch Hadorn, G., Hoffmann-Riem, H., Biber-Klemm, S., Grossenbacher-Mansuy, W., Joye, D., Pohl, C.,Wiesmann, U.& Zemp, E. (2008). *Handbook of Transdisciplinary Research.* Berlin:Springer,.

49. Hommel, B. & Colzato, L. S. (2010). Religion as a control guide: on the impact of religion on cognition. *Zygon, 45,* 596–604.

50. Hood, R.W., Spilka, B., Hunsberger, B., & Gorsuch, R. L. (1996). *The psychology of religion: An empirical approach* (2nd ed.). New York: Guilford.

51. Hunter, A., & Chan, K. K. (1993). *Protestantism in contemporary China.* London: Cambridge University Press.

52. Iyengar, S., McGuire, W. J. & William, J. (1993). *Explorations in Political Psychology.* Durham NC: Duke University Press.

53. James, W. (1956). *The Will to Believe and other Essays in Popular Philosophy, and human immortality.* New York: Dover Pubns.

54. Jernigan, H. L. (2001). Spirituality in older adults: A cross-cultural and interfaith perspective. *Pastoral Psychology, 49,* 413-437.

55. Jost, J. T., Federico, C. M., & Napier, J. L. (2009). Political ideology: Its structure, functions, and elective affinities. *Annual Review of Psychology, 60,* 307-337.

56. Jost, J. T., Glaser, J., Kruglanski, A. W., &Sulloway, F. (2003). Political conservatism as motivated social cognition. *Psychol. Bull,129,*339-75.

57. Jost, J. T. (2006). The end of the end of ideology. *American Psychologist, 61*(7), 651-670.

58. Kapuscinski, A. N., & Masters, K. S. (2010). The current status of measures of spirituality: A critical review of scale development. *Psychology of Religion And Spirituality, 2*(4), 191-205.

59. Kashima, Y. (2000). Conceptions of culture and person for psychology. *Journal of Cross-Cultural Psychology, 31*(1), 14-32.

60. King, G. A. (2004). The Meaning of Life Experiences: Application of a Meta-Model to Rehabilitation Sciences and Services. *American Journal of Orthopsychiatry, 74(1),* 72-88.

61. King, P., & Roeser, R. (2009). Religion and spirituality in adolescent development. In R. M. Lerner & L. Steinberg (Eds.), *Handbook of adolescent psychology, Vol 1: Individual bases of adolescent development* (3rd ed., pp.435-478). Hoboken, NJ: Wiley & Sons.

62. Koenig, H. G. (1995). Religion as cognitive schema. *International Journal For The Psychology of Religion, 5(1),* 31-37.

63. Kohlberg, L. L., & Kramer, R. R. (1969). Continuities and discontinuities in

childhood and adult moral development. *Human Development, 12(2),* 3-120.

64. Krause, N. (2007). Longitudinal study of social support and meaning in life. *Psychology And Aging, 22(3),* 456-469.

65. Kurtines, W., & Greif, E. B. (1974). The development of moral thought: Review and evaluation of Kohlberg's approach. *Psychological Bulletin, 81(8),* 453-470.

66. Lajoie, D. H., & Shapiro, S. I. (1992). Definitions of transpersonal psychology: The first twenty-three years. Journal of Transpersonal Psychology, 24(1), 79-98. Retrieved from EBSCOhost.

67. Lau, S. (1989). Religious schema and values. *International journal of psychology, 24,* 137-156.

68. Lazarus, R.. S., & Folkman, S. (1984). *Stress, Appraisal, and Coping.* New York: Springer.

69. Lodge, M. & McGraw, K. M. (1995). *Political Judgement: Structure and Process.* Ann Arbor MI: University of Michigan Press.

70. Lukoff, D. (1998). From Spiritual Emergency to Spiritual Problem: the transpersonal roots of the new DSM-IV category. *Journal of Humanistic Psychology, 38(2),* 21-50.

71. MacDonald, D. A. (2000). Spirituality: Description, Measurement, and Relation to the Five Factor Model of Personality. *Journal of Personality, 68(1),* 153-197.

72. Marler, P. L., & Hadaway, C. K. (2002). 'Being religious' or 'being spiritual' in America: A zero-sum proposition? *Journal for the Scientific Study of Religion, 41,* 289-300.

73. Matsumoto, D. (2009). The Cambridge dictionary of psychology. UK: Cambridge University Press.

74. Mead, M. (1953). National character. In Tax S (ed.) Appraisal Anthropology Today. Chicago: University of Chicago Press.

75. Medin, D. L., Unsworth, S. J., & Hirschfeld, L. (2007). Culture, Categorization, and Reasoning. In Shinobu Kitayama & Dov Cohen. (Eds.), *Handbook of cultural psychology* (pp.615-644). New York &London: The Guilford Press.

76. Meissner, W. W. (1987). *Life and faith: Psychology perspectives on religious experiences.* Washington, DC: Georgetown University Press.

77. James, A. & Wells, A. (2002). Death beliefs, superstitious beliefs and health anxiety. *British Journal of Clinical Psychology, 41,* 43–53.

78. McClain, C. S., Berry, R., & William, C. (2003). Effect of spiritual well-being on end-of-life despair in terminally-ill cancer patients. *The Lancet, 361,* 1603-1607.

79. McCullough, M. E., & Willoughby, B. L. B. (2009). Religion, self-control, and self-regulation: Associations, explanations, and implications.

Psychological Bulletin, 135, 69-93.

80. McCullough, M. E., & Carter, E. C. (2011). Waiting, tolerating, and cooperating: Did religion evolve to prop up humans' self-control abilities?. In K. D. Vohs, R. F. Baumeister, K. D. Vohs, R. F. Baumeister (Eds.) , *Handbook of self-regulation: Research, theory, and applications* (2nd ed.) (pp. 422-437). New York, NY US: Guilford Press. Retrieved from EBSCOhost.

81. McIntosh, D. N. (1995). Religion-as-schema, with implications for the relation between religion and coping. *International Journal For The Psychology of Religion, 5(1),* 1-16.

82. Miller, W. R., & Thoresen, C. E. (2003). Spirituality, religion, and health: An emerging research field. *American Psychologist, 58(1),* 24-35.

83. Moskowitz, G. B. (2005). *Social Cognition: Understanding Self and Others.* New York, NY: Guilford Press.

84. Nelson, J. M. (2009). *Psychology, Religion, and Spirituality.* New York: Springer Science & Business Media.

85. Norenzayan, A., & Shariff, A. F. (2008). The origin and evolution of religious prosociality. *Science, 322,* 58-62.

86. Norenzayan, A., Choi, I.& Peng, K. P. (2007). Perception and Cognition.In Shinobu Kitayama & Dov Cohen.(Eds.), *Handbook of cultural psychology* (pp.569-594). New York &London: The Guilford Press, pp.587-586.

87. O'Connor, K., & Chamberlain, K. (1996). Dimensions of life meaning: A qualitative investigation at mid-life. *British Journal of Psychology, 87(3),* 461-477.

88. Paloutzian, R. F., & Smith, B. S. (1995). The utility of the religion-as-schema model. *International Journal For The Psychology of Religion, 5(1),* 17-22.

89. Pargament, K. I. (1997). *The psychology of religion and coping.* New York: Guilford Press.

90. Park, C. L., & Folkman, S. (1997). Meaning in the context of stress and coping. *Review of General Psychology, 1(2),* 115-144.

91. Park, C. L. (2005). Religion as a meaning-making framework in coping with life stress. *Journal of Social Issues, 61(4),* 707-729.

92. Pawar, B. (2009). Individual spirituality, workplace spirituality and work attitudes: An empirical test of direct and interaction effects. *Leadership & Organization Development Journal, 30(8),* 759-777

93. Pennington, D. C. (2000). *Social cognition.* London & Philadeophia: Routledge.

94. Pohl,C., & Hirsch Hadorn, G. (2008). Methodological challenges of transdisciplinary research. *Natures Sciences Sociétés,*16, 111-121.

95. Powell, L.H., Shahabi, L., & Thoresen, C. E. (2003) .Religion and spirituality: Linkages to physical health. *American Psychologist, 58(1),* 36-52.

96. Price-Williams, D. (1980). Toward the idea of a cultural psychology: A superordinate theme for study. *Journal of Cross-Cultural Psychology, 11(1),* 75-88.

97. Redlawsk, D. P. (2002). Hot Cognition or Cool Consideration: Testing the Effects of Motivated Reasoning on Political Decision Making. *Journal of Politics, 11,* 1021-1044.

98. Richmond, L. J. (2004). Religion, Spirituality, and Health: A Topic Not So New. *American Psychologist, 59(1),* 52.

99. Roof, W. C. (1999). *Spiritual marketplace: Baby boomers and the remaking of American religion.* Princeton, NJ: Princeton University Press.

100. Rose, E. M., Westefeld, J. S., & Ansley, T. N. (2008). Spiritual issues in counseling: Clients' beliefs and preferences. *Psychology of Religion And Spirituality, S(1),* 18-33.

101. Rosenberg, S. W. &Wrigley, T. (2006-08-31). *The Mechanisms and Structure of Political Cognition: An Encounter between Social and Developmental Psychology.* Paper presented at the annual meeting of the American Political Science Association, Marriott.

102. Rowan, J. (1993). *The Transpersonal: Psychotherapy and Counselling.* London: Routledge.

103. Schneiders, S. M. (1998). The study of Christian spirituality: Contours and dynamics of a discipline. *Christian Spirituality Bulletin,* 6(1), 3 - 12.

104. Shadish, W. R., Cook, T.D., & Campbell, D. T. (2001). *Experimental and Quasi-experimental designs for generalized causal inferences.* Boston & New York: Houghton Mifflin Company.

105. Shariff, A. F., & Norenzayan, A. (2011). Mean Gods Make Good People: Different Views of God Predict Cheating Behavior. *International Journal For The Psychology of Religion, 21(2),* 85-96.

106. Shawn W. R., Dana,W., &Stephen, C.(1988). *Political reasoning and cognition: a Piagetian view.* USA: Duke University Press.

107. Shek, D. T. L. (2010). The spirituality of the Chinese people: a critical review. In M. H. Bond (Eds.), *The Oxford handbook of Chinese psychology* (pp.343-366). New York: Oxford University Press.

108. Sheldrake, P. (1998). *Spirituality and theology: Christian living and the doctrine of God.* Maryknoll, NY: Orbis Books.

109. Skaggs, B. G., & Barron, C. R. (2006). Searching for meaning in negative events: Concept analysis. *Journal of Advanced Nursing, 53(5),* 559-570.

110. Simon, H. (1996). *The sciences of the artificial* (3rd ed). Cambridge, MA: MIT Press.

111. Spilka, B., Hood, R. W., Hunsberger, B.& Gorsuch, R. (2003). *The psychology of religion: An empirical approach.*(3rd ed.) New York: Guilford Press.

112. Spilka, B. (1993). *Spirituality: Problems and Directions in Operationalizating a Fuzzy Concept.* Paper presented at the annual meeting of the American Psychological Association, Toronto.

113. Smith, D. P., & Orlinsky, D. E.(2004). Religious and Spiritual Experience Among Psychotherapists. Theory, *Research, Practice, Training, 41(2)*, 144-151.

114. Stanczak, G. C. (2006). *Engaged spirituality: social change and American religion.* NJ: Rutgers University Press.

115. Takahashi, M., & Ide, S. (2003). Implicit theories of spirituality across three generations: A cross-cultural comparison in the U.S. and Japan. *Journal of Religious Gerontology,* 15(4), 15-38.

116. Tart, C. (1983). *Transpersonal psychoklies.* El Cerrito, CA: Psychological Processes Inc.

117. Tomasello, M. (1999). *The cultural origins of human cognition.* Cambridge, MA: Harvard University Press.

118. Topp, L., Barker, B. & Degenhardt, L. (2004). The external validity of results derived from ecstasy users recruited using purposive sampling strategies. *Drug and Alcohol Dependence, 73,* 33-40.

119. Traphagan, J. W. (2005). Multidimensional Measurement of Religiousness/Spirituality for Use in Health Research in Cross-Cultural Perspective. *Research On Aging,* 27(4), 387-419.

120. Tu, Wei-ming & Tucker, M. E. (2004). *Confucian Spirituality* (Vols. 1-2). New York: The Crossroad Publishing Company.

121. Turner, R., Lukoff, D., Barnhouse, R., & Lu, F. (1995). Religious or spiritual problem: A culturally sensitive diagnostic category in the DSM-IV. *Journal of Nervous and Mental Disease, 183(7),* 435-444.

122. Tyler, S. A. (1969). Introduction. In S. A. Tyler (Ed.), *Cognitive anthropology* (pp.1-23). New York: Holt, Rinehart, and Winston.

126. Unger, R. K. (2007). Religious ideology, a neglected variable. *American Psychologist, 62(9),* 1076-1077.

124. Unruh, A. M., Versnel, J., & Kerr, N. (2002). Spirituality Unplugged: A Review of Commonalities and Contentions, and a Resolution. *Canadian Journal of Occupational Therapy, 69(1) ,* 5-19.

125. van Dijk, T. A. (2002). Ideology: political discourse and cognition. In P. Chilton and C. Schäffner. *Politics as Text and Talk*(pp.203-237). Amsterdam: John Benjamins.

126. Vaughan, F. (1991). Spiritual issues in psychotherapy. *Journal of Transpersonal Psychology, 23,*105-19.

127. Vygotsky, L. S. (1978). Mind in society. In M. Cole, V. John-Steiner, S. Scribner, & E. Souberman, (Eds.). *The development of higher psychological processes.* Cambridge, Massachusetts: Harvard University Press.

128. Verno, K., Cohen, S. H., & Patrick, J. (2007). Spirituality and cognition: Does spirituality influence what we attend to and remember?. *Journal of Adult Development, 14(1-2),* 1-5.

129. Wang,Q. & Ross, M. (2007). Culture and Memory. In Shinobu Kitayama & Dov Cohen.(Eds.), *Handbook of cultural psychology* (pp.645-667). New York &London: The Guilford Press.

130. Way, B. M. & Masters, R. D. (1996). Political Attitudes: Interactions and Affect. *Motivation and Emotion, 20(3),* 205-236.

131. Wikipedia, the free encyclopedia. (2011, December 31). *Spiritual But Not Religious.* Retrieved January 25, 2012, from http://en.wikipedia.org.

132. Wink, P., & Dillon, M. (2002). Spiritual development across the adult life course: Findings from a longitudinal study. *Journal of Adult Development, 9*(1), 79-94.

133. Wulff, D. M. (1997). P*sychology of Religion: Classic and Contemporary* (2nd ed.). New York: Wiley.

134. Zinnbauer, B. J., Pargament, K. I., Cole, B., Rye, M. S., Butter, E. M., Belavich, T. G., & Kadar, J. L. (1997). Religion and spirituality: Unfuzzying the fuzzy. *Journal for the Scientific Study of Religion, 36(4),* 549-564.

135. Zinnbauer, B. J., Pargament, K. I., & Scott, A. B. (1999). The emerging meanings of religiousness and spirituality: Problems and prospects. *Journal of Personality, 67(6),* 889-919.

136. Zinnbauer, B. J., & Pargament, K. I. (2005). Religiousness and spirituality. In R. F. Paloutzian & C. L. Park (Eds.), *Handbook of the psychology of religion and spirituality* (pp.21-42). New York: The Guilford Press.

附　录

附录 1　S 县三自教会讲道员人数

S 县传道员登记表

姓名	性别	年龄	文化	姓名	性别	年龄	文化
WML	女	39	初中	ZXD	男	48	初中
YLC	男	47	初中	DJR	男	50	初中
LAH	女	34	初中	CSY	男	33	初中
BYY	女	28	初中	CHJ	男	38	初中
CZJ	男	54	初中	CLY	女	28	高中
GXL	女	30	初中	LSS	男	35	初中
LNN	女	21	初中	CCX	男	25	初中
WXL	女	20	初中	YYS	男	47	初中
SYX	男	39	初中	ZYL	男	39	初中
ZJL	男	49	初中	YYG	女	21	初中
RLP	女	25	初中	ZXY	男	66	高中
JSX	女	24	初中				

省级以上神学生登记表

姓名	性别	年龄	文化	姓名	性别	年龄	文化
YYG	女	21	初中	BYY	女	28	初中
YGW	男	36	初中	ZYL	男	39	初中
LSH	女	34	初中	CZH	男	21	初中
CZJ	男	53	初中				

各乡（镇）培训讲道员名录

姓 名	性 别	年 龄	文 化	姓 名	性 别	年 龄	文 化
ZXQ	女	24	初中	SLE	女	25	初中
QRR	男	46	初中	PXF	女	23	初中
ZLJ	女	42	初中	ZJX	女	38	初中
QHB	男	40	初中	HBB	男	42	初中

注：出于隐私保护考虑，三自教会讲道员姓名不显示其具体名字，仅以其姓名的首位字母表示。

附录2　C镇三自教会2010年财务公布

C镇教会2010年财务公布

时 间	摘 要	收 入	支 出	结 算
1月1日	接上年往来			19691.30 元
1月3日	开箱款	87.00 元		19778.30 元
1月3日	打印正道表		35 元	21657.30 元
1月3日	买中性笔		15 元	21642.30 元
1月10日	开箱款	455.0 元		20233.30 元
1月12日	买录像带		200.0 元	21442.30 元
1月13日	买笔记本		50.0 元	21392.30 元
1月13日	买笔记本		100.0 元	21292.30 元
1月13日	伙房买白菜		20.8 元	21271.50 元
1月13日	去市里进对联车费		111.0 元	21160.50 元
1月15日	电费		87.36 元	25294.14 元
1月17日	油盐酱		9.0 元	21151.50 元
1月17日	葱姜蒜		39.0 元	21112.50 元
1月17日	豆腐		21.0 元	21088.50 元
1月17日	买馍		40.0 元	21038.50 元
1月18日	交09年第四季度十一款		906.0 元	20132.50 元
1月19日	购账目表		36.0 元	20096.50 元
1月19日	购挂面		20.0 元	20076.50 元

1月20日	打玉米		17元	25240.14元
1月24日	交电话费		15.0元	20061.50元
1月24日	交电话费		15.0元	20046.50元
1月24日	交电话费		35.0元	20011.50元
1月24日	去县两会开会车费		63.0元	19948.50元
1月24日	09年年终关爱活动		2800.0元	17148.50元
1月30日	买菜		27元	25267.14元
1月31日	买豆腐		10元	25257.14元
1月31日	收奉献款	1100.0元		21546.30元
1月31日	开箱款	213.0元		20446.30元
2月7日	付李JJ过年款		200元	16948.50元
2月7日	开箱款	2022.0元		18688.50元
2月11日	王XY病故款		100元	16848.50元
2月14日	车票		6.0元	16842.50元
2月14日	开箱款	3450.0元		22138.50元
2月17日	接老师办班车票		176元	16666.50元
2月20日	卖对联	146.0元		21692.30元
2月21日	开箱款	1650.0元		23788.50元
2月21日	酱油味精		27.0元	25213.14元
2月22日	豆芽		18.0元	25129.14元
2月23日	2月份电费		45.92元	25083.22元
2月24日	买豆腐		24.0元	25059.22元
2月24日	酱油		5元	25054.22元
2月24日	看望张叔		80元	24948.22元
2月25日	豆芽和葱		29.6元	24934.22元
2月25日	海带和葱		42.0元	24892.22元
2月25日	复印		8元	24884.22元
2月25日	春季办班老师工资		990元	23884.22元
2月25日	老师伙房开支		146.7元	23747.92元
2月25日	调料		7元	23740.92元
2月25日	卖年历表	70.0元		25297.50元
2月25日	卖油条	124.0元		25387.50元
2月28日	开箱款	1439.0元		25227.50元

3 月 8 日	典礼奉献		200.0 元	25032.92 元
3 月 11 日	购红酒		90.0 元	24628.36 元
3 月 14 日	开箱款	479.0 元		24219.92 元
3 月 14 日	打印材料		12.0 元	25020.92 元
3 月 14 日	买电池		25.0 元	24995.92 元
3 月 15 日	县城开会费用		68.0 元	24927.92 元
3 月 15 日	3 月份电费		42.58 元	24885.36 元
3 月 21 日	订购		50.0 元	24578.36 元
3 月 21 日	开箱款	618.0 元		24899.92 元
3 月 28 日	电话费		95.0 元	24485.36 元
3 月 28 日	开箱款	335.0 元		25132.92 元
4 月 4 日	开箱款	1000.0 元		25483.36 元
4 月 11 日	开箱款	296.0 元		25778.36 元
4 月 18 日	开箱款	657.0 元		26436.36 元
4 月 18 日	各组长照相		77.0 元	26359.36 元
4 月 18 日	买菜		10.0 元	26369.36 元
4 月 26 日	交 10 年第一季度十一款		1080.0 元	25269.36 元
5 月 2 日	入其它款	56.0 元		28296.36 元
5 月 9 日	买大肉		630.0 元	27666.36 元
5 月 9 日	开箱款	545.0 元		25814.36 元
5 月 16 日	开箱款	1283.0 元		27097.36 元
5 月 23 日	开箱款	1004.0 元		25814.36 元
5 月 27 日	买豆芽和豆角		10.0 元	27623.36 元
5 月 27 日	买菜和调料		39.0 元	27584.36 元
5 月 30 日	去两会开会车费		30.0 元	27554.36 元
5 月 30 日	开箱款	139.0 元		28240.36 元
6 月 6 日	开箱款	352.0 元		27906.36 元
6 月 12 日	买肉		10.0 元	29201.36 元
6 月 13 日	开箱款	1015.0 元		28921.36 元
6 月 13 日	买菜		29.6 元	29172.36 元
6 月 13 日	看望张 S		500 元	28671.36 元
6 月 13 日	买馍		50.0 元	28621.36 元
6 月 14 日	买菜		10.0 元	28606.36 元

6月15日	5月份电费		26.88 元	28580.08 元
4月15日	4月份电费		36.96 元	28563.12 元
6月15日	买菜		18 元	28495.44 元
6月15日	买肉		16 元	28479.44 元
6月15日	买鸡蛋		18 元	28425.44 元
6月18日	6月份电费		29.68 元	28513.44 元
6月26日	打印材料		150 元	28464.44 元
6月27日	布道奉献		75 元	28389.44 元
6月29日	两会开会车费		46 元	28343.44 元
6月30日	开箱款	290.0 元		29111.36 元
7月29日	奉献入	2111.0 元		30436.64 元
7月29日	本月支出		10416.0 元	19625.64 元
8月8日	2010年各点交专项款	5300 元		21992.44 元
8月29日	开箱款	4011.0 元		23076.64 元
8月29日	本月支出		9498.80 元	15577.64 元
9月29日	开箱款	1724.0 元		15301.64 元
9月29日	卖机瓦	45.0 元		15346.64 元
9月29日	本月支出		294.20 元	15082.44 元
10月3日	开箱款	272.0 元		15354.44 元
10月8日	伙房水泥		141.0 元	22970.64 元
10月10日	开箱款	1096.0 元		16542.44 元
10月12日	伙房开支		273.8 元	22978.64 元
10月12日	涂料		200.0 元	22629.64 元
10月17日	开箱款	148.0 元		16682.44 元
10月31日	去两会车费		30.0 元	22599.64 元
11月7日	开箱款	1087 元		23179.44 元
11月7日	看望 YZ		115.0 元	22030.64 元
11月8日	去TH镇教会献堂		300.0 元	21730.64 元
11月8日	去TH镇教会献堂车费		195.0 元	21535.64 元
11月8日	9—11月电费		244.70 元	21290.94 元
11月8日	交三季度款		788.0 元	20450.94 元

11月13日	开会车费		96元	23252.44元
11月13日	HB村典礼		200.0元	22170.64元
11月13日	HB村典礼车费		25.0元	22145.64元
11月14日	付同工个人费		200.0元	22390.64元
11月19日	买年历		250.0元	19535.94元
11月21日	开箱款	69元		23348.44元
11月21日	电话费		50.0元	21240.94元
11月27日	去两会车费		29.0元	22570.64元
11月29日	车费		37.0元	20415.94元
11月29日	乐队用餐费		17.0元	20073.94元
11月29日	买油		250.0元	19803.94元
11月30日	水壶两个		36.0元	19517.94元
12月1日	买菜		20.0元	20053.94元
12月1日	乐队老师工资和车费		315.0元	20090.94元
12月4日	复印材料		8元	22970.64元
			上年结存：19691.30元	
			本年收入：35042.00元	
			本年支出：35215.36元	
			余　　额：19517.94元	

附录3　C镇三自教会2011年证道安排

C镇教会2011年下半年主礼证道表

八月	7号	14号	21号	28号	
九月	4号（圣餐）	11号	18号	25号	
十月	2号（圣餐）	9号	16号	23号	30号
十一月	6号	13号	20号	27号（圣餐）	
十二月	4号	11号	18号	26（圣餐）	

注："务爱传道，无论得时不得时，总要专心，并用百般的忍耐、各样的教训、责备人、警戒人、劝勉人"。（提摩太后书四章二节）

星期三证道

一月	5 号	12 号	19 号	26 号	
二月	2 号	9 号	16 号	23 号	
三月	2 号	9 号	16 号	23 号	30 号
四月	6 号	13 号	20 号	27 号	
五月	4 号	11 号	18 号	25 号	
六月	1 号	8 号	15 号	22 号	29 号
七月	6 号	13 号	20 号	27 号	
八月	3 号	10 号	17 号	24 号	31 号
九月	7 号	14 号	21 号	28 号	
十月	5 号	12 号	19 号	26 号	
十一月	2 号	9 号	16 号	23 号	30 号
十二月	7 号	14 号	21 号	28 号	

星期六晚证道

一月	1 号	8 号	15 号	22 号	29 号
二月	5 号	12 号	19 号	26 号	
三月	5 号	12 号	19 号	26 号	
四月	2 号	9 号	16 号	23 号	30 号
五月	7 号	14 号	21 号	28 号	
六月	4 号	11 号	18 号	25 号	
七月	2 号	9 号	16 号	23 号	30 号
八月	6 号	13 号	20 号	27 号	
九月	3 号	10 号	17 号	24 号	
十月	1 号	8 号	15 号	22 号	29 号
十一月	5 号	12 号	19 号	26 号	
十二月	3 号	10 号	17 号	24 号	31 号

C 镇教会 2011 年诗班事奉表

一月	9 号 LHK 村	16 号 C 镇	23 号 HS 村、SD 村	30 号 SR 村、LW 村	
二月	6 号 LHK 村	13 号 CZ 村、SM 村	20 号 SD 村、HS 村	27 号 C 镇	
三月	6 号 SR 村、LW 村	13 号 LHK 村	20 号 CZ 村、SM 村	27 号 HS 村、SD 村	
四月	3 号 C 镇	10 号 SR 村、LW 村	17 号 LHK 村	24 号 CZ 村、SM 村、 SD 村	
五月	1 号 HS 村、SD 村	8 号 CZ 村、SM 村	15 号 C 镇	22 号 LHK 村	29 号 SR 村、LW 村
六月	5 号 HS 村、SD 村	12 号 C 镇	19 号 CZ 村、SM 村	26 号 SR 村、LW 村	
七月	3 号 LHK 村	10 号 C 镇	17 号 SR 村、LW 村	24 号 HS 村、SD 村	31 号 CZ 村、SM 村
八月	7 号 SR 村、LW 村	14 号 LHK 村	21 号 HS 村、SD 村	28 号 C 镇	
九月	4 号 CZ 村、SM 村	11 号 SR 村、LW 村	18 号 LHK 村	25 号 C 镇	30 号 SR 村、LW 村
十月	2 号 HS 村、SD 村	9 号 C 镇	16 号 LHK 村	23 号 SR 村、LW 村	30 号 C 镇
十一月	6 号 CZ 村、SM 村	13 号 HS 村、SD 村	20 号 SR 村、LW 村	27 号 C 镇	
十二月	4 号 LHK 村	11 号 HS 村、SD 村	18 号 C 镇	25 号 SR 村、LW 村	

后　记

本书是在我的博士论文基础上，进行大范围修改与拓展后完成的。与博士论文相比，本书增加修改的幅度近三分之一，这不仅是对之前论文欠缺之处进一步思考探索的结果，也是我目前所承担的科研项目相关成果的一次总结反映。

我对农村基督徒的研究有幸得到2013年度国家社科基金青年项目"农村基督徒政治认知的社会—文化—心理机制研究"（批准号：13CSH073）的资助，本书作为该项目成果的重要组成部分。该项目亦把 C 镇作为重要的田野点，获得大量的新的访谈和调查材料。这些材料不仅可以完善之前调查的不足，而且当地社会和基督教会这两年都有了新的变化，有必要对此反映以更清晰把握农村基督教会及其信徒的未来发展。为较好把握青年信徒的心理特点，本书对当地农村籍大学生基督徒进行了深入调查，在本书中亦有反映。在理论方面着重加强政治心理与认知理论上的分析讨论，增补了理论基础部分的内容，深化了基督徒宗教生活和日常生活中的心理机制探讨，加强了总体讨论。

本书的完成首先要感谢恩师景怀斌教授！景老师不弃后学浅薄，纳我入门，悉心指导引领我走进学术之路，以其深厚的学术积淀、严谨的治学态度让我明白学术的真谛，找到前进的方向。我在学术道路上所取得的每一小的进步，都离不开景老师的指导和鼓励！王建新教授作为我所在专业的联络导师，对学术的热情以及作为一个学者的社会责任感，是激发笔者永不敢懈怠的动力来源。

父母一直以来的关爱和包容，才使我能安心完成学业和从事自己喜欢的研究工作。姐姐一直在替我照顾父母，从无怨言，姐姐的两个孩子亦菲和金檀给我在求学工作历程中带来了很多的思念和欢乐。我的爱人何晴利，默默在工作之余为我在学业和生活上提供支持，调查的材料有相当一部分由她整理，本书的最后的定稿，也是由她最后负责校对完成的。感谢女儿暖暖的诞生，她给全家带来了太多的欢笑，使我逐渐懂得生命的意义和价值。本书的修葺工作非常辛劳，没有时间陪女儿玩耍嬉戏，甚是愧疚。

我的田野调查得以顺利进行，要特别感谢我的岳父岳母提供的诸多方便。同时，还要感谢 C 镇诸多老乡的帮助，特别是信徒们的理解和配合。感谢老友罗忱在话语分析个案上的建议。为培养学生的科研意识，我让我所任教的应用心理学专业的同学参与对我博士论文的大略校对：李琳珂、徐艺琦、苏艳晨、韩莉莉校对了全稿，张欢、王林林、张耀芳、徐丽、郭意欣、盖倩、孔净雅、王瑞芳、霍艳敏、陈艳丽、王雪、郭琳、袁平平、王思尹、燕柳、姬琲婷、李雪分工校对了个别节。李俊俊参与了对个别大学生基督徒的访谈。本书的付梓，承蒙禤庆文老师的推荐，经北京师范大学出版社张欣老师，有幸得到花木兰文化出版社的认可，在此致以感谢！